MARCO POLO

Reisen mit Insider Tipps

KROATISCHE KÜSTE
ISTRIEN, KVARNER

**MARCO POLO Autorin
Daniela Schetar**

Die Ethnologin und Reisebuchautorin Daniela Schetar reizten zunächst fremde Kulturen. Doch als sie erstmals wieder in ihre Heimat Istrien zurückkam und den Duft der Macchia einsog, waren sie wieder da: die Begeisterung für die venezianischen Städtchen, die Faszination der kargen Felsrücken der Insel Cres, die Liebe zu Landschaften und Menschen am Schnittpunkt kroatischer, slowenischer und italienischer Kultur.

www.marcopolo.de/kroatienkueste-ik

← UMSCHLAG VORN: DIE WICHTIGSTEN HIGHLIGHTS

Die besten Insider-Tipps → S. 4
INSIDER TIPP

Best of ... → S. 6

Slowenisch-Istrien → S. 32

Kroatisch-Istrien → S. 42

4	**DIE BESTEN INSIDER-TIPPS**
6	**BEST OF ...** ● TOLLE ORTE ZUM NULLTARIF S. 6 ● TYPISCH KROATISCHE KÜSTE S. 7 ● SCHÖN, AUCH WENN ES REGNET S. 8 ● ENTSPANNT ZURÜCKLEHNEN S. 9
10	**AUFTAKT**
16	**IM TREND**
18	**STICHWORTE**
24	**ESSEN & TRINKEN**
28	**EINKAUFEN**
30	**DIE PERFEKTE ROUTE**
32	**SLOWENISCH-ISTRIEN** IZOLA, PIRAN, PORTOROŽ
42	**KROATISCH-ISTRIEN** BUZET, MOTOVUN, NOVIGRAD, PAZIN, POREČ, PULA, RABAC & LABIN, ROVINJ
66	**KÜSTE KVARNER-BUCHT** CRIKVENICA, LOVRAN, OPATIJA, RIJEKA

SYMBOLE

INSIDER TIPP Insider-Tipp

★ Highlight

●●●● Best of ...

☼ Schöne Aussicht

Ⓖ Grün & fair: für ökologische oder faire Aspekte

(*) kostenpflichtige Telefonnummern

PREISKATEGORIEN HOTELS

€€€ über 120 Euro

€€ 70–120 Euro

€ bis 70 Euro

Die Preise gelten für ein Doppelzimmer mit Frühstück im Juli und August (Vor- und Nachsaison sind erheblich günstiger)

PREISKATEGORIEN RESTAURANTS

€€€ über 35 Euro

€€ 20–35 Euro

€ bis 20 Euro

Die Preise gelten für Vorspeise, Hauptgericht und Nachtisch – einschließlich Bier oder Wein

Titelthemen: Das weiße Gold von Sečovlje S. 41 | Ab in die Unterwasserwelt Brijunis S. 109

INHALT

INSELN KVARNER-BUCHT 80
CRES, KRK, LOŠINJ, PAG, RAB

AUSFLÜGE & TOUREN 100

SPORT & AKTIVITÄTEN 106

MIT KINDERN UNTERWEGS 110

EVENTS, FESTE & MEHR 114

LINKS, BLOGS, APPS & MORE 116

PRAKTISCHE HINWEISE 118

SPRACHFÜHRER 124

REISEATLAS 130

REGISTER & IMPRESSUM 142

BLOSS NICHT! 144

Küste Kvarner-Bucht → S. 66

Ausflüge & Touren → S. 100

Sport & Aktivitäten → S. 106

Reiseatlas → S. 130

GUT ZU WISSEN
Geschichtstabelle → S. 12
Spezialitäten → S. 26
Bücher & Filme → S. 40
Geier und Schafzucht → S. 96
Was kostet wie viel? → S. 120
Währungsrechner → S. 121
Wetter → S. 123
Aussprache → S. 124

KARTEN IM BAND
(132 A1) Seitenzahlen und Koordinaten verweisen auf den Reiseatlas
(0) Ort/Adresse liegt außerhalb des Kartenausschnitts
Es sind auch die Objekte mit Koordinaten versehen, die nicht im Reiseatlas stehen
Karten zu Pula-Altstadt, Poreč, Rijeka-Innenstadt und Rovinj finden Sie im hinteren Umschlag

UMSCHLAG HINTEN: FALTKARTE ZUM HERAUSNEHMEN →

FALTKARTE
(A–B 2–3) verweist auf die herausnehmbare Faltkarte, (M–P 10–14) auf die Nebenkarte von Pag auf der Faltkarte

2 | 3

Die besten MARCO POLO Insider-Tipps

Von allen Insider-Tipps finden Sie hier die 15 besten

INSIDER TIPP Auferstanden
Sie waren schon fast ausgerottet, bis eine Umweltinitiative sich für die *boškarin*-Rinder einsetzte. Inzwischen wird das Fleisch der heimischen istrischen Rinderrasse von den Küchenchefs gerade neu entdeckt: Probieren Sie es z. B. im Restaurant des Hotels *La Grisa* in Bale → S. 65

INSIDER TIPP Ökotauchen
Wer tauchen will, erreicht seine Gründe meist nur per Motorboot. Das stinkt, verbraucht Treibstoff und macht Lärm. Bei *Diving Beli* auf Cres geht es naturschonender zu, denn das Hausriff ist gleich vom Strand aus zu erreichen – ohne Lärm und Gestank → S. 109

INSIDER TIPP Blue Box
Die trendigste Eisdiele von Poreč heißt *Ice Box* und genauso sieht sie auch aus: Aus einem eisblauen Kiosk an der Uferpromenade heraus wird hier die köstlich-kühle Sommerspeise verkauft → S. 53

INSIDER TIPP Ferien im Traumhaus
Ferienhäuser gibt es reichlich in Istrien, aber nur die *Stancija Scodanella* kombiniert den Blick auf Motovun mit herrlichem Komfort und absoluter Ruhe → S. 46

INSIDER TIPP Adrenalinlastige Abenteuer
Nichts für Angsthasen: Mit der *Zip Line Pazinska jama* sausen Schwindelfreie und Furchtlose über die geheimnisvolle Schlucht von Pazin hinweg → S. 51

INSIDER TIPP Auf dem Wasser die Stadt umrunden
Kayak-Sightseeing: Bei einer Paddeltour in Rabs Geschichte steht der kulturelle Reiz dem sportlichen nicht nach → S. 99

INSIDER TIPP Im grünen Tunnel
Ein fotogenes, tiefgrünes Dach bildet die *Pinienallee* über der Straße von Koper nach Izola. Die vom Wind gebeugten Pinien strecken ihre Wipfel zueinander → S. 34

INSIDER TIPP **Klar, klarer, am klarsten**
Am schönen Kiesstrand *Potovošće* im Süden von Vrbnik ist das Wasser von einer atemberaubenden Klarheit → S. 90

INSIDER TIPP **Gestickte Kunstwerke**
In Rovinjs Künstlergasse (Foto u.) stickt Olga Vicel in der Hausnummer 37 Motive im Stil der naiven Kunst mit Seidenfaden auf Leinen. Adresse und Name ihres Ladens sind identisch: *Grisia 37* → S. 64

INSIDER TIPP **Fisch auf die Hand**
In Ičićis *Ribarnica Octopus*, einem einfachen Imbiss, gibt es Sardinen mit Brot auf die Hand – rustikal und lecker → S. 72

INSIDER TIPP **Romantischer Steg ins Meer**
Molo Longo – ein Wellen- als Herzensbrecher: An Rijekas endlos langer Mole treffen sich Verliebte. Aber auch wer nicht verliebt ist, darf gemütlich darauf herumbummeln → S. 77

INSIDER TIPP **Erste Adresse für Scampi**
Im Familienbetrieb *MaMaLu* in der Bucht von Valun bringen die Herren des Hauses die frischen Kvarner-Scampi direkt von ihrem Boot auf den Tisch → S. 84

INSIDER TIPP **Nichts zu wünschen übrig**
Kühle, klare Moderne trifft im Hotel *Kempinski Adriatic* in Savudrija auf istrische Gastfreundschaft. Und wen das noch nicht überzeugt – Serafin Koutnis Küche ist genial → S. 50

INSIDER TIPP **In der europäischen Partyliga**
Seinen europaweiten guten Ruf verteidigt der *Club Boa* in Malinska konsequent und engagiert mit nur den angesagtesten DJs → S. 88

INSIDER TIPP **In die weite Ferne sehen**
Von Pirans *St.-Georgs-Kirche* ist der Ausblick fantastisch: Bei klarem Wetter sehen Sie über die Adriabuchten bis zu den Julischen Alpen (Foto li.) → S. 38

BEST OF ...

TOLLE ORTE ZUM NULLTARIF
Neues entdecken und den Geldbeutel schonen

SPAREN

● Am Baluota-Strand
Am Strand unterhalb der Rovinjer Kirche St. Euphemia gibt es weder schicke Beach-Cafés noch Sand. Große Felsblöcke dienen als Liegen, für den Schatten sorgt jeder selbst, und der Weg ins Meer ist etwas beschwerlich. Dafür sind Sie hier unter Einheimischen, und es kostet im Gegensatz zu vielen anderen Strandbädern keine Kuna → S. 64

● Wandern und Radfahren auf Kamenjak
Wer mit dem Auto ins *Naturschutzgebiet auf der Halbinsel Kamenjak* fährt, zahlt Eintritt. Mit dem Rad oder Wanderstiefeln öffnen sich Ihnen dagegen ein kostenloses, weit verzweigtes Netz von Pfaden, schöne Buchten und der Weg zur kultigen *Safari Bar* → S. 59

● In die Geisterstadt
Darüber, warum *Dvigrad,* die Stadt der zwei Burgen, im 17./18. Jh. verlassen wurde, wird viel spekuliert. War es die Pest? Die Malaria? Oder ständige Attacken feindlicher Völker? Wer die romantischen Ruinen durchstreift, muss bislang keinen Eintritt entrichten → S. 65

● Gratis-Spa
Haben Sie Hautprobleme? Oder möchten Sie Ihre Haut einfach nur verwöhnen? In der *Bucht von Soline* auf Krk erwartet Sie ein Gratis-Spa mit Fangopackungen direkt aus der Natur. Einfach einreiben und trocknen lassen! → S. 86

● Über Leitern ins Meer
Mal schnell ins Wasser gleiten und das kühle Nass genießen, ohne gleich den obligatorischen Eintritt fürs Strandbad bezahlen zu müssen? An der Uferpromenade von *Piran* auf der Punta kommen Sie bequem und kostenlos über Leitern zu Ihrer Abkühlung (Foto) → S. 39

● Insel der Aromen und der Düfte
Lošinj ist die Insel der guten Gerüche. Welche Vielfalt an Pflanzen für den besonderen Duft verantwortlich ist, erfahren Sie ganz kostenlos im *Kräutergarten in Mali Lošinj* → S. 91

● ● ● ● ● Diese Punkte zeichnen in den folgenden Kapiteln die Best-of-Hinweise aus

TYPISCH ISTRIEN & KVARNER
Das erleben Sie nur hier

● *Und ewig tropft der Stein*
Ein unterirdischer Wildfluss, Tropfsteinskulpturen, der Lufthauch von Fledermausflügeln: Das *Höhlensystem von Škocjan* (Foto), das Sie zu Fuß entdecken können, ist Abenteuer pur! → S. 37

● *Besuch bei Oriella und Moreno*
In der *Gostilna Na Burji* zelebrieren Moreno und Oriella istrische Traditionsküche. Der Fisch kommt direkt von den Fischern, das Lamm vom Nachbarn, der Wein vom befreundeten Winzer – alles zusammen ergibt den typischen Genuss! → S. 26, 38

● *Blick auf Rovinj*
Es gibt wohl kaum eine Perspektive, aus der *Rovinj* nicht bezaubernd aussieht – diese eine aber, gegenüber vom Lungomare, ist die charakteristischste: die hintereinander gestaffelten Häuser, die Segelschiffe davor und dahinter die Kirche Sv. Eufemija → S. 63

● *Seefahrerstolz*
Die Kapitäne von *Veli Lošinj* segelten bis nach Amerika. Dass die Stadt eine große Seefahrertradition besitzt, sehen Sie an den repräsentativen Villen und der reichen Kirchenausstattung → S. 92

● *Villen unter Pinien*
Ende des 19. Jhs. begann der europäische Adel, die Küste am Kvarner-Golf und auf den Inseln mit Sommersitzen zu bestücken. Die *Villen* mit ihren neomaurischen Spitzbögen und Mosaiken haben ihre Besitzer überlebt, verleihen Lovran und der Čikat-Bucht auf Lošinj heute ein wunderbares Flair → S. 71, 91

● *Blick vom Mondplateau*
Mondlandschaft so weit das Auge reicht? Stimmt nicht, Krk wirkt nur zum Festland hin so unirdisch. Vom 380 m hohen *Mondplateau* aber sehen Sie auf die grünen Oasen hinter den kahlen Rücken → S. 85

● *Das Geheimnis der besten šurlice*
Große, dicke Spätzle, die innen hohl sind – so lassen sich die kroatischen *šurlice* wohl am ehesten beschreiben. Krk ist die Hochburg der traditionellen Teigwaren und die *Konoba Zora* in Dobrinj der Ort, an dem deren Zubereitung perfekt gelingt → S. 86

6 | 7

BEST OF ...

SCHÖN, AUCH WENN ES REGNET
Aktivitäten, die Laune machen

REGEN

● *Wasserspaß zu jeder Jahreszeit*
Schlechtes Wetter und kein Badespaß? Nicht in der *Laguna Bernardin*. Die Indoorpools mit Meerwasser, die Rutschen, Whirlpools und Saunen des Familienfreizeitbads sorgen dafür, dass der Regen nicht zum Spielverderber wird → S. 110

● *Wie die Alten fischten*
Das Rovinjer *Batana-Museum* ist ein ungewöhnliches Ausstellungsprojekt: Es dokumentiert den traditionellen Bootsbau, den Fischfang und den Alltag der Fischer und hält diese Traditionen durch Aktionen und Feste zugleich lebendig → S. 63

● *Unterwasserwelt*
Flora und Fauna des Mittelmeers, aber auch exotische Tiere hautnah erleben – das können Sie im *Aquarium Pula*, das zudem im spektakulären Fort Verudela residiert → S. 111

● *Steter Tropfen*
Die Tropfsteinhöhle *Špilja Biserujka* nahe Soline auf Krk schützt nicht nur vor Regen, sie macht Ihnen auch das Leben bei Hitze leichter. Schließlich liegen die Temperaturen in der verzaubernd-schönen Unterwelt konstant bei 14 °C → S. 86

● *Kastell mit Innenleben*
Im Roman „Mathias Sandorf" lässt Jules Verne seinen Helden im *Kastell von Pazin* einkerkern. Kein Wunder, die Burg hat viel Flair, und das Volkskundemuseum in ihren Mauern erzählt spannend von istrischer Geschichte – und der geheimnisvollen Höhle unter der Burg → S. 50

● *Fisch im Überfluss*
Sardinen, Kraken und Scampi füllen täglich die *Jugendstilhalle auf Rijekas Markt* (Foto). Draußen stehen Gemüse- und Obststände so dicht, dass Sie auch bei Regen trockenen Fußes hindurchbummeln → S. 77

ENTSPANNT ZURÜCKLEHNEN
Durchatmen, genießen und verwöhnen lassen

● *Musik im Kloster*
Musikabende in Piran: Nach einem heißen Tag am Strand umfängt die Besucher im *Renaissancekreuzgang des Minoritenklosters* marmorne Kühle. Die Luft vibriert vom Klang einer barocken Sonate, die ein Streichquartett zelebriert. Wenn das nicht meditativ ist! → S. 39

● *Drinks vor Traumkulisse*
Es wird zwar mittlerweile vielfach kopiert, aber das Original bleibt einsame Spitze: *Valentino* in Rovinj, die Bar mit Kissen, Kerzen und Fackeln auf den Uferfelsen, mit dezenter Lounge-Musik und kühlen Drinks – jeden Abend ein Erlebnis für alle Sinne (Foto) → S. 64

● *Schatten und aromatischer Duft*
Die dichten Kronen von Aleppo- und Schwarzkiefern, Zypressen, Lorbeer und Zedern in Rabs prächtigem *Park Komrčar* bilden ein vor Lärm und Hitze schützendes Dach – der ideale Ort für interessante Lektüre, Tai-Chi oder Meditation → S. 98

● *Landidyll mit Blick aufs Meer*
Einen besseren Standort hätten die Eigentümer des *Hotels Boškinac* auf Pag nicht finden können. Auf einem Hügel thront es über Weinreben, Feldern und Olivenhainen, in der Ferne gerahmt vom Meer. Das Panorama ist so friedlich! Atmen Sie tief ein und lassen Sie es wirken. Dazu ein Glas Wein, und das Glück ist perfekt! → S. 94

● *Kamelien und Salz*
Das Wellnesscenter des Hotels *Miramar* in Opatija erinnert sich der alten Heilkräfte des Kvarner: ätherische Öle von Kamelien, Rosmarin oder Bergamotte entspannen, Salz und Olivenöl reinigen und pflegen die Haut → S. 75

● *Relaxen unter funkelnden Sternen*
Internationale Größen des Jazz geben sich in der *Jazzbar Lapidarium* in Poreč die Ehre – *blue notes* unterm Sternenhimmel, zwischen römischen Stelen im Innenhof, dazu ein Glas Wein – die Entspannung ist vollkommen! → S. 54

8 | 9

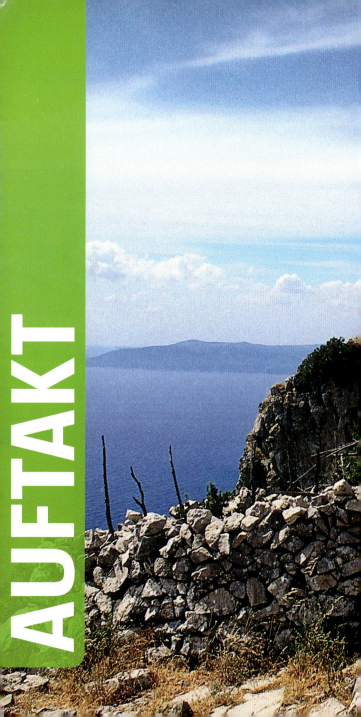

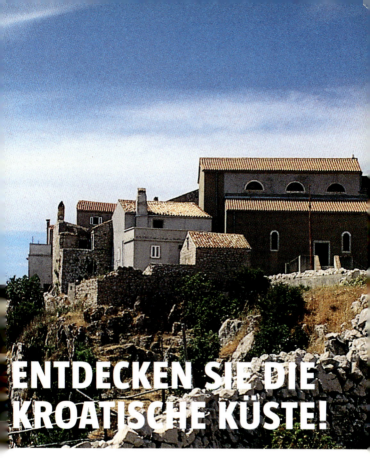

ENTDECKEN SIE DIE KROATISCHE KÜSTE!

Wie vorwitzige Finger ragen kleine Halbinseln, auf denen sich romantische Hafenstädtchen um eine Kirche scharen, aus der buchtenreichen Küste hervor. Eine Loggia, ein Campanile, vornehme Palazzi, der geflügelte Löwe am Stadttor oder Uhrturm – Piran, Rovinj, Lovran, Cres und Krk sind kleine Kopien des großen Venedig, das diese Küste so lange beherrschte. Kaum verwunderlich, dass Istrien und der Kvarner-Golf von italienischem Lebensgefühl geprägt sind – mit all den lieb gewordenen Gewohnheiten wie dem Espresso, den Eisdielen, dem abendlichen Spaziergang Corso, den die Slowenen und Kroaten *korzo* schreiben, was nicht ganz so luftig, sondern etwas bodenständiger aussieht. Das ist es, was Istrien und den Kvarner-Golf deutlich von der westlichen Adria-Küste unterscheidet: Das slawische Element erdet die italienische Leichtigkeit. Das betrifft die Kultur, die Sprache, das Brauchtum und das Essen.

Spürbar wird das vor allem abseits der Küste, im Inneren Istriens wie auch der Inseln. Die Städte sind gut befestigt und wehrhaft, viele wurden auf Hügeln erbaut, wo sie besser zu verteidigen waren. Es werden mittelalterliche Bräuche gepflegt wie

Bild: Insel Cres

Zum Ankern schön: Buchten über Buchten wie diese bei Jablanac prägen die Küste

Das slawische Element erdet die italienische Leichtigkeit

etwa die Bürgermeisterwahl in Hum, bei der die Bewohner den Amtsträger mittels Kerben in einem Stück Holz bestimmen. In Kirchen und Klöstern aufbewahrte Steintafeln und Dokumente erinnern an die Frühzeit des Christentums, in der slawische Kirchen- und Rechtsdokumente in eigens dafür entwickelten Glagolica-Lettern niedergelegt wurden.

Die Küche ist gehaltvoll: Die italienische Minestrone wird als *maneštra* mit Rauchfleisch und Hülsenfrüchten angereichert. Lamm garen Köchinnen zwischen Koper und Pag mit Kartoffeln und Gemüse in einer schweren Eisenpfanne, der *peka*, über offener Glut, und selbst aus Meeresfrüchten wird eine Art Eintopf gekocht. Auch

12 000 v. Chr.
Die ältesten menschlichen Zeugnisse wurden in der Nähe von Pula entdeckt; Keramikfunde auf Cres lassen sich auf das 7. Jahrtausend v. Chr. datieren

2. Jh. v. Chr.
Die Römer erobern die istrische Halbinsel trotz Gegenwehr der Histrier genannten, wahrscheinlich illyrischen Bevölkerung

4.–7. Jh.
Nach Teilung des Römischen Reichs gehört Istrien zu Byzanz. Einwanderung slawischer Volksgruppen

8.–13. Jh.
Innerstrien ist Teil des Franken- und später des Habsburger Reichs und wird

AUFTAKT

die *konoba*, ein rustikales Kellerlokal, ist ein Erbe des ländlichen Kulturkreises. Am deutlichsten haben romanische und slawische Elemente in der Sprache zusammengefunden. Der istrische Dialekt klingt nach beidem, italienisch und slowenisch-kroatisch.

Landschaftlich bietet die Region eine große Vielfalt: Sie kann sehr herb sein, von wasserarmen Hochebenen gezeichnet, wie das weiße Istrien im Osten, oder von dichten Eichenwäldern, wie das westlich anschließende, graue Istrien. Die üppige Fruchtbarkeit ist den Küsten vorbehalten: dem roten Istrien, in dessen eisenhaltiger *terra rossa* Olivenbäume und Weinstöcke wurzeln, und dem Kvarner-Golf, dessen mildes Klima Edelkastanien, Steineichen, Pinien, Oleander, Lorbeer und sogar Exoten wie Palmen, Bougainvillea und Hibiskus gedeihen lässt. Auch die Inseln zeigen zwei Gesichter – allerdings verhält es sich auf Lošinj, Krk und Rab umgekehrt: Die Ostküste ist karg, das Land im Inneren aber fruchtbar und üppig bewachsen.

Römische Tempel, Frankopanenfestungen, venezianische Loggien, habsburgische Theater – Istrien und der Kvarner-Golf haben viele Herrscher kommen und gehen sehen. Rom, Byzanz, Venedig, Österreich-Ungarn und schließlich Jugoslawien haben sich in Architektur und Kunst verewigt. Das römische Amphitheater in Pula, die byzantinische Basilika in Poreč, der venezianische Prätorenpalast in Koper, Lovrans Jugendstilvillen sowie zahllose Schätze in den Museen bieten Kulturreisenden Einblicke in die reiche Geschichte. Reminiszenzen an das sozialistische Jugoslawien

> **Habsburger, Römer, Venezianer: Herrscher kamen und gingen**

---

vom Patriarchat Aquilaeia verwaltet; an der Küste übernimmt Venedig 1291 endgültig die Kontrolle

14.–18. Jh.
Blütezeit der venezianischen Küstenstädte. Nach einem Intermezzo als Napoleons „Illyrische Provinz" geraten Istrien und Kvarner Anfang des 19. Jhs. wieder unter Habsburger Herrschaft

1918
Istrien, Cres und Lošinj sind italienisch. Gründung des Königreichs Jugoslawien

1945
Nach Ende des Zweiten Weltkriegs ruft Partisanenmarschall Tito die „Föderative Volksrepublik Jugoslawien" aus

12 | 13

prägen die Neubauviertel der Städte und die Hotellerie, die in den 1970er-Jahren einen Bauboom erlebte. Nach und nach wurden diese Hotels entkernt, renoviert und vom sozialistischen Einheitsstaub befreit. So ist eine Ferienlandschaft mit Hotelanlagen und Campingplätzen entstanden, die höchste Ansprüche an Komfort und Design zufriedenstellt, dabei aber zugleich in einem für Natur und Umwelt verträglichen Rahmen bleibt.

Sowohl Slowenien als auch das 2013 der EU beigetretene Kroatien sind schwer von der weltweiten Wirtschafts- und Finanzkrise betroffen. Vor allem Kroatien, das immer noch von der jahrelangen Misswirtschaft und Korruption der Regierungen gezeichnet ist, die das politische Geschehen nach der Unabhängigkeit bestimmten, tut sich schwer damit, Anschluss an Mitteleuropa zu finden. Feriengäste merken davon kaum etwas, denn erstens stehen die Küstenregionen dank des boomenden Tourismus deutlich besser da als das Binnenland und zweitens tun die Gastgeber alles dafür, ihre Probleme zu verbergen. Wegen der hohen Lebenshaltungskosten – das Niveau liegt nicht weit unter jenem in Mitteleuropa – müssen viele in Zweitjobs dazuverdienen. Andererseits steigt die Arbeitslosigkeit, sodass manch einer nur dank der Unterstützung durch Verwandte überleben kann. Solidarität und gegenseitige Verantwortung sind auch in der modernen Gesellschaft ein wichtiges Gut. Wenn Tante, Neffe, Enkel Hilfe brauchen, hält die ganze Großfamilie zusammen.

Die Großfamilie hält immer noch zusammen

Die meisten Reisenden besuchen Istrien und den Kvarner-Golf, um hier ihren Sommerurlaub zu verbringen. Sie erwarten Sonne, Meer und Strand, wobei Letzterer nicht unbedingt das Klischee bedient, denn die Küste ist felsig. Kies- und Sandstrände gibt es zwar, aber sie sind deutlich in der Unterzahl. Vor allem die kroatische Küste lädt zum Entdecken ein – ob Sie nun mit dem Fahrrad oder zu Fuß zu einer idyllischen Bucht aufbrechen oder die Inseln mit dem Boot umrunden, um an paradiesischen Fleckchen Anker zu werfen und zu baden. Die Gumpen und Kanäle zwischen Felsplatten, wo sich Krebse und Fischchen tummeln, bescheren Kindern jeden Alters einen Abenteuerspielplatz. Unterwasserabenteuer für Schnorchler und Taucher verspricht das saubere, glasklare Meer mit seinen Felswänden, Höhlen und Tunnels, in denen eine für die Adria erstaunliche Artenvielfalt lebt. Unter Wracktauchern gelten die Gewässer vor Istrien als Geheimtipp; vor der Westküste sind unzählige Schiffe versunken.

1980
Tito stirbt. Das aus sechs Einzelrepubliken bestehende Jugoslawien zeigt Auflösungstendenzen

1991–1995
Kroatien und Slowenien erklären sich für unabhängig. Um Kroatiens Souveränität entbrennt anschließend ein erbitterter Krieg mit dem serbisch dominierten Restjugoslawien. Istrien und Kvarner nehmen Flüchtlinge auf

2003
Kroatien stellt den Antrag auf EU-Mitgliedschaft und unternimmt große Anstrengungen, alle Voraussetzungen zu erfüllen

1. Juli 2013
EU-Beitritt Kroatiens

AUFTAKT

Ein Hauch Venedig zeigt sich in Pirans Altstadt auch in den reich verzierten Palastfassaden

Segeln, Kajakfahren, Wind- und Kitesurfen – Aktivitäten auf dem Wasser sind nur eine der vielen Möglichkeiten, die Region sportlich zu erforschen. In den letzten Jahren ist ein wahrer Fahrradboom über Istrien hereingebrochen, teils befördert durch die radbegeisterten Einheimischen, teils durch Kenner und Genussradler, die an der abwechslungsreichen Topografie und dem reichen Kultur- und Gastroangebot Gefallen finden. Radwege wurden ausgebaut, interessante Rundtouren zusammengestellt, sowohl für Tourenräder wie für Mountainbikes. Selbst entlang einer aufgelassenen Bahntrasse, Tunnels und Viadukte inklusive, können Sie durch Istrien radeln und auf dem Weg immer wieder einkehren – in urigen *konobe* ebenso wie in eleganten Restaurants. Der Ruf der nordkroatischen Küche ist vorzüglich. Regionale und saisonale Spezialitäten veredeln die traditionellen Gerichte, allen voran die istrischen Trüffeln, die sich in Geschmack und Qualität mit jenen von Alba messen können.

> **Ein wahrer Fahrradboom ist über Istrien hereingebrochen**

Auch in puncto Nachtleben hat die Region aufgeholt: Fackeln erleuchten die Nacht; dezente Musik untermalt das Plätschern und Gurgeln des Meers an den Felsen, auf bequemen Sitzkissen lagern sonnengebräunte Urlauber und Einheimische unter dem glitzernden Sternenhimmel und nippen an edlen Drinks. Ein langer Sommertag im istrischen Rovinj endet mit einem entspannten Abend im Valentino mit Blick auf die Lichterketten von Yachten und Hotels. In Poreč lauscht man den Blue Notes einer Jazzcombo im Lapidarij, in Rijeka wippen die Schicken und Schönen zu den Techno-Beats des Club Boa, und auf Pags Kultstrand Zrće scratchen DJs die Jugend in Ekstase. Istrien und der Kvarner-Golf sind in – das Provinzielle der sozialistischen Ära haben sie längst hinter sich gelassen. Überzeugen Sie sich selbst!

14 | 15

IM TREND

1 Gut geölt

Gelbgoldener Tourismus Italiens Olivenölbibel *Flos Olei* listet jedes Jahr mehr istrische Produzenten in ihrem europäischen Öl-Ranking. Konstanter Favorit ist Klaudio Ipša *(www.ipsa-maslinovaulja.hr)* aus Ipši, der bescheiden und ohne großes Tamtam ein wunderbares Öl aus der heimischen Sorte *Istrska bjelica* presst. Das beste 🌿 Bioolivenöl produziert den Testern zufolge Giancarlo Zigante *(www.zigantetartufi.com)* in Livade. Auch 🌿 „Oma Jolas" Bioöl (www.omajolas.com) aus der Region Savudrija wird gepriesen. In Slowenien hat 2012 Jenko *(www.oljcno-olje.com)* aus Bertoki bei Koper das Rennen unter die Top 20 Europas gemacht. Die Öle können Sie direkt bei den Produzenten kaufen oder im Onlineshop bestellen.

Grün vernetzt

Verantwortung übernehmen Umweltschutz, Nachhaltigkeit, soziale Verantwortung – für immer mehr Kroaten sind diese Werte inzwischen wichtiger als der schnöde Mammon. Touristische Projektentwickler bekommen dies schmerzhaft zu spüren, vor allem diejenigen, die in Istrien Golfplätze planen. Von über 20 Projekten in der Pipeline konnte in den letzten fünf Jahren lediglich ein einziges verwirklicht werden. Überall dort, wo gebaut werden sollte, machten die Naturschützer seltene Pflanzen oder Tiere aus, deren Schutz Vorrang hatte. Und wo es bereits zu spät scheint, da greifen Initiativen wie das *Centar Gerbin (www.centargerbin.org)* ein. Es hat sich auf der Insel Cres ganz der Bewahrung traditioneller Wirtschaftsformen und Architektur verschrieben. In Workshops reparieren Freiwillige zum Beispiel Bruchsteinmauern und bauen verlassene Häuser auf. Fisch und Vogel auf grünem Grund sind das Symbol der Initiative *Prijatelj okoliša (Freund der Umwelt)*, die mit diesem Zertifikat Hotels und Campingplätze für ihr ökologisches Wirtschaften auszeichnet.

**In Istrien und an der Kvarner-Bucht gibt es viel Neues zu entdecken.
Das Spannendste auf dieser Seite**

Das neue Ibiza

Wildes Nachtleben Statt an den Stränden der Balearen feiert die In-Crowd jetzt an Kroatiens Küste. Coole DJs aus der ganzen Welt werden eingeflogen. Renner in Istrien sind Springbreak-Partys. Das *Spring Break Europe (www.springbreak europe.at | Foto),* nach dem Vorbild der Studentenpartys an Floridas Stränden, sorgt im Städtchen Rovinj mit drei Tagen Party für mächtig Aufsehen. Auch Pags berühmter Partystrand *Zrće (zrce.eu)* ist dabei: Der *Springbreak* Anfang Juni im *Aquarius* und im *Cocomo Club* ist so legendär wie das *Fresh Island Festival* im Juli mit Hip-Hop und RnB! Warum ausgerechnet Vodnjan zur Clubhauptstadt Istriens avancierte – wer weiß? Das *Lighthouse (de.lighthouseclub.com)* zählt jedenfalls zu den Topclubs der Region, und wenn es den Party People zu heiß wird, bringt ein türkisgrüner Pool Abkühlung.

Kroatisch kreativ

Frischer Wind in der Küche *Fusion cooking*, der Mix moderner Elemente mit traditionellen kroatischen Rezepten, ist der heißeste kulinarische Trend Istriens. Den Gipfel istrischer Genüsse zelebriert Danijel Dekić im Restaurant *Monte (Montalbano 75 | www.monte.hr)* in Rovinj. Da versinkt selbst der gestrenge Gault-Millau-Tester in stummer Verzückung und verleiht ihm drei Hauben. *Le Mandrač (Obala F. Supila 10)*, kühl gestylter Glaskasten im malerischen Hafenbecken von Volosko, ist eins der szenigsten Restaurants im Kvarner; die Meeresfrüchtekreationen machen Lust auf mehr. Einen Schuss Japan an die Adria bringt das ungewöhnlich kleine, dafür umso coolere Restaurant *Damir & Ornella (Zidine 5 | Foto)* in Novigrad.

STICHWORTE

AGROTURIZAM

Rund um die *stancija* wellt sich perfekt manikürter Rasen; ein makelloser Pool liegt im Schatten knorriger Oliven, Holzkohle und Grillbesteck liegen bereit für die neuen Feriengäste. Wer hätte das vor 20 Jahren gedacht? Die alten istrischen Bauernhäuser aus grauem Bruchstein fielen in sich zusammen, denn ihre Bewohner waren längst in die nächstgrößere Stadt oder an die Küste gezogen. Olivenhaine verwahrlosten, Weinreben wucherten auf den Feldern. Dann kamen die ersten Vorreiter des *agroturizam*, der Ferien auf dem Lande, und plötzlich stiegen die Grundstückspreise. Natürlich besteht das Angebot nicht nur aus noblen Landgütern, die jedem Anwesen in der Toskana das Wasser reichen könnten. Auch ganz normale Ferien beim Bauern sind möglich: Vor allem im istrischen Binnenland nehmen zahlreiche Bauernhöfe Feriengäste auf. Hier betreiben die wenigsten Landwirte Viehzucht, sondern bauen vorwiegend Wein, Oliven oder Getreide an – und verwöhnen so ihre Besucher mit den Köstlichkeiten der regionalen Küche. Eine bessere Möglichkeit, Kultur und Traditionen der Menschen kennenzulernen, bietet sich selten. Italienische Sprachkenntnisse sind meist von Vorteil, Deutsch oder Englisch werden seltener verstanden. Der Tourismusverband Istriens listet in einer jährlich aktualisierten Broschüre *Agroturizam*-Betriebe und ihr jeweiliges Angebot auf; auf der Website *www.istra.com* können Sie online buchen.

Bild: Berg Kamenjak auf der Insel Rab

Gefürchtete Winde und geflügelte Löwen: Notizen zur Umwelt, zu Politik, Kirche und den Badestränden

BORA, MAESTRAL, JUGO & SCHIROKKO

Wenn das Meer mit weißen Schaumwirbeln aussieht, als würde es kochen, dann weht in Istrien der am meisten gefürchtete Wind, die Bora (slowenisch *burja*). Als kalter Fallwind stürzt sie vor allem im Herbst und Winter von Norden und Nordosten über die Bergkämme des Gorski Kotar wie des Velebitgebirges und peitscht das Meer auf. Inseln, die ihr im Weg stehen, beraubt sie jeglicher Vegetation. Boote, ja selbst Fahrzeuge auf der Küstenstraße sind bei Bora gefährdet. Ihr positiver Effekt ist die glasklare Luft; die Sicht reicht dann von der Adria bis an die Alpen!

Auch der das ganze Jahr über wehende Maestral sorgt für kalte, aber mit Feuchtigkeit geschwängerte Luft. Er weht von Nordwesten Wolken heran, und es kann ausgiebig regnen. Feuchte und heiße Luft bringt der vorrangig zwischen März und Juni aus Süden wehende Jugo oder Schirokko; Dunst und gelegentlich sogar Saharasand sind seine Begleiter.

FKK

Nicht erst seit der englische König Edward VIII. mit seiner Geliebten Wallis Simpson 1936 auf der Insel Krk hüllenlos baden ging, gilt Kroatien als Hochburg des FKK. Bereits zwei Jahre vorher tagte auf Rab ein Nudistenkongress. Der Entwicklung der Freikörperkultur mögen die vielen einsam gelegenen Buchten Vorschub geleistet haben, an die sich FKK-Anhänger in prüderen Zeiten zurückziehen konnten. Heute profitieren sie von einer exzellenten Infrastruktur mit Nudistencamps, Nudistenstränden und speziellen Veranstaltungen wie Diskoabenden oder Marathonläufen. An den einsamen Buchten baden mittlerweile Nackte und Bekleidete gemeinsam. Nur an öffentlichen Stränden oder in Badeanlagen wird FKK nicht geduldet.

FRANKOPANEN

Angefangen mit Griechen und Römern über Byzanz, Venedig und Habsburg liest sich Kroatiens Geschichte wie eine Aufeinanderfolge von Fremdherrschaften. Es gab im späten Mittelalter aber durchaus auch ein kroatisches Königreich, und dessen Statthalter an der Küste war das Fürstengeschlecht der Frankopanen. Von ihrem Stammsitz Krk beherrschten sie zunächst autonom, später dann geschickt Venedig ausspielend zwischen dem 11. und dem 15. Jh. große Teile des heutigen Kvarner. 1480 verlor Venedig die Geduld, setzte die Fürsten ab und übernahm selbst die Verwaltung.

KIRCHE

Rund 300 000 Gläubige aus Kroatien und Slowenien feierten Papst Benedikt XVI. 2011 bei seinem Besuch in Zagreb. Das Erstaunliche dabei: Es waren vornehmlich junge Menschen, die hier öffentlich ihren Glauben erklärten. Trotz oder gerade wegen der Repressalien, denen Gläubige im sozialistischen Jugoslawien ausgesetzt waren, bekennen sich heute über 80 Prozent der Bevölkerung zum katholischen Glauben. Slowenien hat die strikte Trennung von Kirche und Staat in der Verfassung verankert und erlaubt keinen Religionsunterricht an staatlichen Schulen. In Kroatien dagegen wird dieser entsprechend einem Abkommen mit dem Vatikan in den Schulen erteilt.

KROATIEN

Mit 56 000 km² ist Kroatien fast dreimal so groß wie Slowenien, allerdings mit nur 4,5 Mio. Einwohnern nicht so dicht besiedelt. Die bedeutende italienische Minderheit (ca. 20 000 Menschen) lebt vor allem an der istrischen Westküste und ist durch einen Abgeordneten im Parlament vertreten. Kroatien ist reich an kulturellen wie Naturschönheiten, die sich entlang der 1777 km langen Küste mit 1185 vorgelagerten Inseln und Inselchen aneinanderreihen. Allein sieben Unesco-Welterbestätten sind im Land verzeichnet. Hauptstadt und Regierungssitz ist Zagreb (ca. 1,2 Mio. Ew.). Seit 2011 wird Kroatien von einer linksliberalen Koalition aus vier Parteien unter Ministerpräsident Zoran Milanović regiert. 2013 trat das Land der EU bei.

MARKUSLÖWE, ZIEGE, STERN

Der geflügelte Löwe, Symbol der Herrschaft Venedigs, ist an Stadttoren, Palazzi und Loggien Istriens und der Kvarner-Region allgegenwärtig. Die Präsenz der Ziege, des istrischen Wappentiers, konnte er allerdings nicht überall verdrängen – oft stehen beide Tiere gleichberechtigt nebeneinander. Im Kvarner-Golf, vor allem auf der Insel Krk, ist ein weiteres Machtinsigne zu finden: Der fünfzackige Stern steht für die kroatischen Fürsten der Frankopanen.

STICHWORTE

Vom Evangelistensymbol zum Wappentier der venezianischen Großmacht: der Markuslöwe

NATURSCHUTZ

Knapp zehn Prozent der Landesfläche Kroatiens stehen unter Naturschutz. Zu den acht Nationalparks gesellen sich elf Naturparks und viele kleinere Schutzgebiete. In Istrien und Kvarner besitzen das Brijuni-Archipel *(www.brijuni.hr),* das Risnjak-Massiv *(www.risnjak.hr)* und das nördliche Velebitgebirge *(www.np-sjeverni-velebit.hr)* Nationalparkstatus. Im slowenischen Istrien genießt der Naturpark der Salinen von Sečovlje besonderen Schutz.

Mit dem EU-Beitritt wurde Kroatien Mitglied im europäischen Netzwerk *Natura 2000,* das ökologisch bedeutende Areale als Schutzgebiete ausweist und sie miteinander verbindet. Zu den staatlich und teils durch die EU geförderten Naturschutzmaßnahmen gehört unter anderem die Wiedereinführung einheimischer Nutztierrassen, etwa des *boškarin*-Rinds, des schwarzen istrischen Esels sowie istrischer Schafe und Ziegen.

PFLANZEN & TIERE

Istrien und die Kvarner-Küste wie auch die Inseln sind uraltes Kulturland; der ursprüngliche dichte Waldbestand wurde von den aufeinanderfolgenden Eroberern, von Römern wie Venezianern, systematisch abgeholzt; das Land wurde bestellt oder als Weide genutzt. Heute dominieren Macchia, Olivenbäume und Weinreben. Auch die ursprüngliche Tierwelt wurde verdrängt – Bären und Luchse leben nur noch in der geschützten Einsamkeit des Risnjak-Nationalparks, die früher artenreiche Meeresfauna ist durch Überfischung und Wassersport bedroht: Thunfischschwärme werden in der nördlichen Adria kaum noch gesichtet, die wenigen Delphine stehen unter strengem Naturschutz. Das Ende der extensiven Schafzucht vertrieb die letzten Gänsegeier, die sich von Schafskadavern ernähren, aus Istrien. Nur auf der Insel Cres, wo noch Schafe das ganze Jahr über auf den *ograjice* genannten und

20 | 21

mit Trockenmauern abgegrenzten Weiden bleiben, sind diese majestätischen Vögel zu finden.

SLOWENIEN

Das rund 20 000 km² kleine Land zwischen Alpen und Adria war bis zur Unabhängigkeit 1991 die nördlichste Republik des Vielvölkerstaats Jugoslawien. 83 Prozent der 2 Mio. Einwohner sind Slowenen. Die vor allem im slowenischen Istrien lebenden rund 2200 Italiener sind, ebenso wie die im Osten beheimateten Ungarn, als nationale Minderheit anerkannt und haben eine eigene politische Vertretung im Parlament. Hauptstadt und Regierungssitz ist Ljubljana (250 000 Ew.). Seit 2013 wird Slowenien von einer aus vier Parteien bestehenden Mitte-links-Koalition unter Ministerpräsidentin Alenka Bratušek regiert. Die Finanzkrise hat Slowenien, das lange als wirtschaftlicher Musterschüler galt, stärker getroffen als erwartet. Die Arbeitslosenrate hat sich seit 2007 auf über 8 Prozent verdoppelt; die Staatsverschuldung erreicht inzwischen 38 Prozent des BIP. Die Regierung versucht, dieser Entwicklung mit einer rigiden Sparpolitik zu begegnen.

STRÄNDE & BLAUE FLAGGE

Die gute Meldung: Über 80 Strände in Istrien und Kvarner tragen das Öko-Label der ☻ Blauen Flagge, mit dem hohe Umweltstandards wie beispielsweise das saubere Meer ausgezeichnet werden (www.blueflag.org). Die nicht ganz so gute: Die meisten Strände bestehen aus Fels oder grobem Kies. Ohne Badeschuhe kommt beim Gang ins Wasser wenig Freude auf – der allgegenwärtig zwischen dem Fels verborgenen Seeigel und ihrer hartnäckigen Stacheln wegen. Eltern, die mit Kleinkindern reisen, seien die Kiesstrände von Crikvenica bis Novi Vinodolski, die Kiesbuchten auf der Halbinsel Lopar (Rab) oder die Fast-schon-Sandstrand von Baška auf Krk empfohlen, wo die Kleinen sorgenfrei spielen und planschen können. Für alle anderen gilt: Haben Sie jemals ein so klares Meer gesehen? Taucherbrille auf, und los.

UMWELTSCHUTZ

In Hinsicht auf den EU-Beitritt hat Kroatien sowohl in der Umweltgesetzgebung als auch in deren Umsetzung große Fortschritte erzielt. Strenge Gesetze regeln den Umgang mit Abwasser, besonders an der Küste, wo zahlreiche Kläranlagen errichtet wurden. Mit Investitionen, so ein Solarkraftwerk bei Kanfanar unweit von Poreč, setzt Kroatien auf erneuerbare Energien.

Außer staatlichen Organen engagieren sich auch Nichtregierungsorganisationen für den Schutz der Umwelt, so auf Lošinj, wo sich die Initiative ☻ Blue World dem Schutz von Delphinen verschrieben hat.

Die Sauberkeit der Umwelt ist nicht nur, aber natürlich vor allem wegen des Tourismus ein Anliegen. Dieser wiederum trägt deutlich zur Belastung bei. So ergab eine Untersuchung, dass der Tourismus an der Westküste Istriens mit über 20 Prozent an der Verschmutzung des Meers beteiligt ist.

Feriengäste können mit umsichtigem Verhalten – keine Abfälle liegen lassen, Wasser sparen – dazu beitragen, diesen Anteil zu senken. Auch sollten Sie die Artenschutzgesetze respektieren und auf den Genuss der nach wie vor unter der Hand angebotenen Steinbohrermuscheln (datteri) verzichten.

USKOKEN

Uskoken waren im 15. Jh. vor den Osmanen aus dem Landesinneren an die Küste geflohene Kroaten und Bosnier. Im paramilitärischen Verbund fungierten sie zunächst als Schutz gegen die Türken, später bedrohten sie dann als Piraten die venezianischen Städte. Ihre Hochburg war die Hafenstadt Senj.

VENEDIG

Jahrhundertelang standen Istrien und die Kvarner-Bucht unter der Herrschaft Venedigs. Der Einfluss der Serenissima ist in der Architektur überdeutlich – Paläste in venezianischer Gotik, Kirchtürme als Kopien des Markusturms, Renaissanceloggien schmücken so gut wie jeden Hafenort. Venedig war für die Abholzung der Inselwälder verantwortlich, deren Stämme beim Bau der Lagunenstadt Verwendung fanden, und es beutete das kostbare Meersalz in den slowenischen und kroatischen Salinen aus.

derungen zu meistern. Zuerst musste sie nach dem Zerfall Jugoslawiens den Niedergang von Industrie und Bergbau sowie den Wegfall der traditionellen Märkte verkraften. Dann folgte ein grundlegender Umbau mit Privatisierung ehemals staatlicher Betriebe, der Voraussetzung für den EU-Beitritt war.

Gleich sechs Stränden auf Krk wurde mit der Blauen Flagge beste Wasserqualität bescheinigt

WIRTSCHAFT

Die kroatische Wirtschaft hatte seit der Unabhängigkeit große Herausforderungen zu meistern.

Als stärkste Wirtschaftskraft hat sich der Tourismus etabliert. In diesem Sektor wird ein Fünftel des Bruttoinlandsprodukts erwirtschaftet, Tendenz steigend. Allerdings kann der Fremdenverkehr die Verluste in anderen Bereichen nicht ausgleichen. Kroatiens Wirtschaft schrumpfte 2012 um zwei Prozent. Mit 61,4 Prozent stellt der Dienstleistungssektor den größten Anteil am Bruttoinlandsprodukt (BIP), die Industrie trägt mit 31,6, die Landwirtschaft mit sieben Prozent bei. Die Arbeitslosigkeit liegt um 15 Prozent. Viele Kroaten bezweifeln, dass der Mitte 2013 erfolgte EU-Beitritt die Wirtschaft ankurbeln wird.

22 | 23

Bild: Altstadt von Rovinj

ESSEN & TRINKEN

Eine *fritaja* mit grünem Wildspargel und rauchiger *pančeta*, Kvarner-Scampi mit Zitronensaft und feinem Olivenöl, Austern frisch aus dem Meer, kroatische Sushi, Carpaccio vom *boškarin*-Rind, *fuži* mit Trüffeln, süße Maronenküchlein ... all diese Spezialitäten machen eine Genussreise durch Istrien und Kvarner unvergesslich.

Dabei ist es noch nicht einmal 20 Jahre her, dass Mitteleuropäer mit der Küche des damaligen Jugoslawien lediglich eines verbanden, die verschiedenen -čići-Gerichte vom Grill. Sicher, auch *čevapčići* und *ražnići* können absolut köstlich schmecken, aber es wäre schade, würde man die kroatische Küche auf Hackfleischwürstchen und Fleischspießchen reduzieren.

Wichtigstes Qualitätsmerkmal ist die Frische der Zutaten. Dass mit regionalen Produkten gekocht wird, ist selbstverständlich. Der Wildspargel wächst auf der Wiese nebenan, die Fischer holen täglich Tintenfisch oder Sardinen aus dem Meer, ein paar Dörfer weiter bekommt man bestes, natives Olivenöl und im Herbst sind die Wälder voll mit Steinpilzen und Trüffeln. Die Kombination von Frische und aromatischen Kräutern aus dem eigenen Garten steht für sich; besondere Kochkunst ist da gar nicht vonnöten. Sie schadet allerdings auch nicht, wie die von Jahr zu Jahr steigende Zahl an Gourmetköchen beweist; Küchenchefs, die vor allem in Istrien und an der Kvarner-Küste ihr Können zelebrieren. Restauranttester von Gault Millau und Veronelli sind von

Meer, Wald und Wiese liefern Wildspargel, Scampi und Trüffeln – Istriens gute Küche schwört auf frische Zutaten von nebenan

der Qualität der neuen slowenischen und kroatischen Küche sehr beeindruckt.
Für den unverwechselbaren Geschmack sorgt auch die Rückbesinnung auf fast schon vergessene istrische Spezialitäten. Das heimische *boškarin*-Rind stand vor der Ausrottung, als eine Umweltinitiative damit begann, es als besondere Marke zu etablieren. Die kräftigen, hellen Rinder mit ihren langen Hörner dienten in der Landwirtschaft als Zugtiere. Als man sie durch Traktoren ersetzte, drohten sie auszusterben. Heute stehen wieder etwa 2500 *boškarin*-Rinder auf istrischen Weiden; ihr Fleisch gilt als Delikatesse und darf nur in speziell dafür zugelassenen Restaurants zubereitet werden. Ähnlich erging es den Kvarner-Scampi, deren Fleisch besonders aromatisch – viele sagen: süß – schmeckt. Sie dürfen nicht mit Schleppnetzen, sondern nur mit Reusen gefangen werden, weil die dünnen Panzer sonst verletzt würden. Das war lange viel zu umständlich; erst die steigende Wertschätzung in den Gourmetrestaurants brachte die alten Fangmethoden

SPEZIALITÄTEN

▶ **brodet** – Fischeintopf, mit verschiedenen Fischen, manchmal auch Krebsen, mit Zwiebeln, Knoblauch, Kräutern und Olivenöl gegart
▶ **buzara** – Sud aus Zwiebeln, Knoblauch, Olivenöl und Tomaten für Muscheln oder Scampi
▶ **fritaja** – Rührei mit saisonalen Zutaten. Besonders köstlich mit Wildspargel (Frühjahr) und Trüffeln (Herbst)
▶ **fritule** – kleine, krapfenähnliche, frittierte Teigbällchen, je nach Region aus Hefe-, Kartoffel- oder auch Brandteig
▶ **fuži** – der Nudelteig wird zu Quadraten geschnitten und die gegenüberliegenden Enden zusammengedrückt
▶ **kapešante** – Jakobsmuscheln; die aus Novigrad gelten als besondere Delikatesse; sie werden im Mündungsgebiet der Mirna gezogen, wo Süß- auf Salzwasser trifft
▶ **maneštra** – deftiger Gemüseeintopf, meist mit geräuchertem Bauchspeck und Bohnen oder Graupen
▶ **njoki** – Klößchen aus Kartoffelteig, Beilage zu Gulasch oder Pilzsauce
▶ **ombolo** – entbeintes Schweinskotelett, gesalzen, mit Lorbeer, Knoblauch und Pfeffer eingerieben und 14 Tage getrocknet. Isst man roh oder gebraten
▶ **paški sir** – der Schafskäse von der Insel Pag verdankt seinen aromatischen Geschmack den kräuterreichen Weiden
▶ **pljukanci** – längliche Teigröllchen, aus einem ähnlichen Teig wie Spätzle
▶ **pršut** – luftgetrockneter Schinken (Foto li.)
▶ **rižoto** – Risotto mit Pilzen (Foto re.), Wildspargel oder Scampi. *Crni rižoto* ist mit Tintenfischtinte gefärbt
▶ **šurlice** – längliche Teigröllchen, innen hohl, als Beilage z. B. zu Gulasch

und damit die Kvarner-Scampi zurück auf die Speisekarten.
Auch traditionelle Zubereitungsarten werden wiederentdeckt: So die *peka*, eine Eisenpfanne mit Deckel, die in einer offenen Feuerstelle mit Glut bedeckt wird und in der alles – vor allem Lamm, aber auch Rind, Pute, Fisch – besonders schonend gegart wird. Die Zubereitung dauert mehrere Stunden, deshalb sollten Sie ein *peka*-Gericht am Vortag bestellen. Moreno Medoš von der ● *Gostilna Na Burji* im slowenischen Nova Vas bereitet sein Lamm in der *peka* auf einem Bett aus Wiesenheu zu, was dem Gericht einen besonders würzigen Geschmack verleiht.

ESSEN & TRINKEN

Ein typisch istrisches Essen beginnt mit einer Aufschnittplatte, auf der luftgetrockneter Schinken *pršut,* Salami (besonders fein vom *boškarin*-Rind) und meist Schafskäse von der Insel Pag zusammen mit eingelegten Pilzen und Gürkchen angerichtet sind. In der kühleren Jahreszeit kann es auch eine *jota,* eine sämige Gemüsesuppe, geben, in die unbedingt entweder weiße Bohnen oder Kichererbsen und Geräuchertes gehören. Darauf folgt wie in Italien ein Zwischengericht: *fuži* mit Steinpilzsauce z. B. oder ein Risotto mit Scampi. Beim Hauptgang wählt man zwischen Fisch oder Fleisch, etwa einen *kokošji žgvacet,* ein Hühnergulasch, oder einen *brodet,* einen Fischtopf. Puristen bestellen vielleicht lieber ein Steak mit Trüffeln oder Wolfsbarsch vom Grill. Dazu einen knackigen, gemischten Salat und knuspriges Brot. So kreativ die istrische Küche unzählige Arten von *fritajas* (eine Art Rührei mit Wildspargel, Trüffel, pršut ...), von Pasta (*fuži, pljukanci, ravioli, njoki*) und Eintöpfen (Huhn, Rind, Wild, Fisch, Wurst) erfindet, so einfallsarm ist sie, wenn es um Nachspeisen geht: Es gibt Eis oder Pfannkuchen, *palačinke,* mit Schokoladen- oder Nussfüllung.

Slowenien und Kroatien sind reich an Thermalquellen, deren Wasser wunderbar schmeckt und sehr gesund ist. Bestellen Sie *Radenska* (Slowenien) oder *Jamnica* (Kroatien) zum Essen. Vorsicht vor der slowenischen *Donat*-Quelle! Ihr wird abführende Wirkung nachgesagt. Auch Bier kommt aus der Region, *Union* und *Laško* (Slowenien) sowie *Karlovačko* und *Velebitsko* (Kroatien) zählen zu den beliebtesten Sorten. Weintrinker können auf Entdeckungsreise gehen: Die heimischen roten Sorten *Teran* und *Refošk* sind schwere, herbe Weine, deren besonderen Geschmack viele Winzer durch Verschnitt mit anderen Reben oder durch Lagerung

Grillfleisch und Gemüseeintöpfe: Bodenständiges zum Sattwerden

in Barrique-Fässern veredeln. Beide, den rauen Bauernwein wie die feinen Varianten, sollten Sie verkosten. Der am weitesten verbreitete, weiße *Malvazija Istriana* hat mit dem bei uns bekannten, süßen Malvasier nichts gemein. Es ist ein fruchtiger Weißer mit feiner Note und passt hervorragend zu Fisch. Auch den auf der Insel Krk gekelterten *Vrbnička Žlahtina* sollten Sie probieren – er schmeckt leicht, fruchtig und fast spritzig.

Was die Öffnungszeiten der slowenischen und kroatischen Gastronomie betrifft: Sowohl die etwas feineren Restaurants als auch die rustikalen Weinschänken, die *konoba* (in Slowenien auch *gostilna*) heißen, sind den ganzen Tag und die ganze Woche über geöffnet. Eingeschränkte Öffnungszeiten mit Ruhetagen gelten höchstens in den Wintermonaten oder aber bei besonderen Gourmettempeln.

EINKAUFEN

Das Angebot an kunsthandwerklichen Souvenirs in Istrien und Kvarner ist eher klein und nicht besonders originell. Dafür entschädigen die vielfältigen Produkte, die istrische Bauern, Winzer, Hausfrauen und Imker auf lokalen Märkten, am Straßenrand oder in geprüfter Qualität in Delikatessenläden verkaufen. Viele Adressen und weitere Infos finden Sie hierzu auch unter *www.istria-gourmet.com*.

HAUSGEMACHTES

In Slowenien wie in Kroatien gilt es als höchstes Prädikat, wenn etwas hausgemacht ist. Vielen ist das einfache Olivenöl vom Nachbarn lieber als der preisgekrönte Edeltropfen. Entlang der Hauptstraßen bauen die Freizeiterzeuger in der Saison ihre Stände auf und verkaufen vom Steinpilz bis zu Früchten in Schnaps, vom Öl in Plastikkanistern bis zum Honig, von frisch geernteten Kartoffeln bis zum selbst gebackenen Kuchen alles, was sie gesammelt, eingelegt oder zubereitet haben. Die Adressen professioneller landwirtschaftlicher Unternehmen, bei denen es u. a. Wein, Öl, den luftgetrockneten Schinken *pršut* und sogar Lavendel zu kaufen gibt, liefern Broschüre und App *Istra Gourmet (istria-gourmet.com)*.

MORČIĆ

Ein dunkelhäutiger Turbanträger als Wahrzeichen Rijekas? Woher die seit Jahrhunderten überlieferte Tradition stammt, Halsketten, Ohrringe und Broschen mit dem *morčić* zu schmücken, wissen Rijekas Goldschmiede nicht mehr – doch wie das emaillierte Köpfchen anzufertigen ist, das beherrschen sie ebenso gut wie ihre Großväter. Ein hübsches, originelles Souvenir!

OLIVENÖL

Schilder mit der Aufschrift *olje* (slow.) bzw. *ulje* (kroat.), also Öl, weisen entlang der Straßen auf Bauernhöfe hin, die selbst gepresstes Olivenöl verkaufen. Neben den einfachen, bäuerlichen Betrieben gibt es mittlerweile auch zahlreiche ambitionierte Produzenten, deren Öle internationale Preise gewonnen haben und deren Höfe eine eigens aus der Taufe gehobene „Straße des Olivenöls" verbindet.

SALZ

In den slowenischen Salinen von Sečovlje und in den kroatischen auf Pag wird heute noch mit traditionellen Methoden Salz durch Meerwasserverdunstung gewon-

Olivenöl, Wein und Fleur de Sel: Die lohnendsten Mitbringsel sind kulinarischer Natur

nen. Dieses absolut saubere Naturprodukt ist preiswert – zu kaufen entweder direkt an den Salinen, in Supermärkten oder im Laden von *Piranske Soline (Ul. IX. Korpusa 2)* in Piran. Übrigens können Sie hier auch INSIDERTIPP ▶ *Fleur de Sel (slowenisch: solni cvet)* bekommen, das kostbare Produkt der ersten Salzblüte aus pyramidenförmigen Kristallen, ohne das kein Küchenchef von Welt heutzutage mehr auskommt. Es verleiht Speisen einen unvergleichlichen Geschmack.

TRÜFFELN

Im Spätherbst sind in der Region um Motovun Trüffelsucher mit eigens abgerichteten Hunden unterwegs. Die kostbaren weißen und nicht ganz so teuren schwarzen Trüffeln haben das Dorf Livade und den Trüffel-Unternehmer Giancarlo Zigante *(www.zigantetartufi.com)* berühmt und Letzteren reich gemacht. Allein 600 lizenzierte Trüffelsucher arbeiten für ihn. Zigante ist aber nicht der Einzige, der in Istrien Trüffeln verkauft. In Buzet, Motovun und anderen Orten weisen Schilder den Weg zu Trüffel-Verkaufsstellen, die zwar nicht so werbewirksam in Szene gesetzt, aber mindestens ebenso authentisch sind. Weiße Trüffeln werden zwischen Oktober und Dezember gefunden, schwarze das ganze Jahr über. Die Preise variieren kaum: 10 g weiße Trüffel kosten um 30 Euro.

WEIN

Viele slowenische und kroatische Winzer aus Istrien und dem Kvarner pflegen heimische Weinsorten. Die roten Teran und Refošk sowie der weiße Malvazija sind mittlerweile international gesuchte Tropfen. Weinstraßen führen zu Winzern und Kellereien, in denen Besucher Weine verkosten und kaufen können, doch erwarten Sie keine Schnäppchen! Die Preise sind durchaus gehoben. Eine Liste von Adressen bietet *Istra Gourmet;* telefonische Voranmeldung ist zu empfehlen.

DIE PERFEKTE ROUTE

KURZE KÜSTE, GROSSE SCHÄTZE IN SLOWENIEN

Nur knapp 46 km istrische Küste gehören zu Slowenien, doch hier wetteifern architektonische Highlights wie **1** *Piran* → S. 37 mit dem mondänen Badeort *Portorož* → S. 39 und den faszinierenden Kultur- und Naturlandschaften der *Salinen von Sečovlje* → S. 41. Nehmen Sie sich die Zeit für diese Schätze, bevor Sie auf der R 200 Richtung Umag nach Süden aufbrechen.

ALTE STÄDTE & GEPFLEGTE STRANDBÄDER

Die R 300 führt Sie ans Meer, wo sich mit **2** *Umag* → S. 50, *Novigrad* → S. 47, der Welterbe-Stadt *Poreč* → S. 52 und **3** *Rovinj* → S. 62 venezianisch geprägte Städtchen und moderne Strandzonen aneinanderreihen, alle mit glasklarem Wasser und schönen Strandbädern. Versäumen Sie es nicht, kurz vor Rovinj am *Lim-Fjord* → S. 55 haltzumachen und frische Austern zu probieren!

ANTIKE & NATUR

Die nächste Etappe führt auf der E 751 in die lebhafte Hafenstadt **4** *Pula* → S. 56, berühmt für ihre römischen Bauten (Foto li.) und zahlreichen Feinschmeckerrestaurants. Leihen Sie sich ein Fahrrad und erkunden Sie den Südzipfel Istriens, die buchtenreiche Halbinsel *Kamenjak* → S. 59! Nach Nordosten erreicht die Route das malerische **5** *Labin* → S. 60, zu dessen Füßen der Badeort *Rabac* → S. 60 mit herrlichen Strandbuchten lockt.

KARGES CRES, GRÜNES LOŠINJ

Vom Hafen Brestova pendeln Autofähren zur kargen Insel **6** *Cres* → S. 80, wo sich ein Abstecher in den Norden zum Ökozentrum in *Beli* → S. 81 lohnt. Die Inselhauptstraße E 100 passiert das venezianische *Cres-Stadt* → S. 82, Abstecher führen zur malerischen Bucht von *Valun* → S. 84 und in das Bergdorf *Lubenice* → S. 83. Bei *Osor* → S. 83 geht's auf die Nachbarinsel **7** *Lošinj* → S. 91. Üppiges Grün und das milde Klima machten Lošinj früh zum beliebten Luftkurort. Nehmen Sie sich Zeit für Bilderbuchstädtchen wie *Nerezine* → S. 92, *Mali Lošinj* → S. 91 und *Veli Lošinj* → S. 92, die buchtenreiche Küste mit den restaurierten Gründerzeitvillen und einen Aufstieg auf den Televrina mit Aussicht über den Kvarner-Golf. Auf gleicher Strecke geht's zurück auf die Insel Cres und auf der E 101 nach Merag, wo die Fähren nach Valbiska auf Krk (Foto re.) übersetzen.

Erleben Sie die vielfältigen Facetten von Istrien und der Kvarner-Bucht entlang der Küste mit Abstechern zu den Inseln und ins Hinterland

VENEZIANISCHES ERBE & SPRITZIGER WEIN

Die E 102 führt nun von der romantischen Inselhauptstadt ⑧ *Krk* → S. 87 über *Punat* → S. 88 mit seiner klösterlichen Kultur nach Süden an die Sand-Kies-Strände von *Baška* → S. 84, wo Sie einen entspannten Badestopp einlegen können. Über das Weinstädtchen *Vrbnik* → S. 89 und die Brücke Krški Most geht's zurück aufs Festland. Die gut ausgebaute D 8 passiert beliebte Badeorte wie ⑨ *Crikvenica* → S. 66, *Selce* → S. 67, *Novi Vinodolski* → S. 69 und *Senj* → S. 69 mit der Uskokenburg Nehaj. Von Stinica setzen Sie nach ⑩ *Rab* → S. 97 über, der grünsten der Kvarner-Inseln. Die Altstadt von Rab und die von Wanderwegen durchzogene Halbinsel *Kalifront* → S. 99 begeistern Sie mit Kultur und Sport, *Lopar* → S. 97 mit seinen Sandstränden. Die Fähre bringt Sie nach Valbiska auf Krk, wo Sie über die Brücke aufs Festland zurückkehren.

KÖNIGLICHE STÄDTE & KULINARISCHE GENÜSSE

Die Route folgt der Adriamagistrale bis in die lebhafte Hafenstadt ⑪ *Rijeka* → S. 76. Die K.-u.-k.-Ära beschwören *Opatija* → S. 73 und *Lovran* → S. 70 mit ihren renovierten Bauten jener Zeit herauf. Durch den Tunnel Učka fahren Sie auf der E 751 ins istrische Kernland mit wehrhaften Bergstädtchen wie *Hum* → S. 45, *Pazin* → S. 50 und ⑫ *Motovun* → S. 45, wo rustikale *konobe* regionale Delikatessen auftischen. In *Grožnjan* → S. 49 musiziert jeden Sommer die Jugend der Welt, und beim *Kap Savudrija* → S. 50 an der Küste können Sie die Tour mit entspannten Tagen im Luxushotel Kempinski Adriatic beschließen.

Ca. 850 km. Empfohlene Reisedauer: zwei Wochen
Detaillierter Routenverlauf auf dem hinteren Umschlag, im Reiseatlas sowie in der Faltkarte

Bild: Grotte von Škocjanske jame

SLOWENISCH-ISTRIEN

Drei romantische Hafenstädtchen und ein schickes Seebad, Tropfsteinhöhlen, Lipizzanerpferde und Olivenhaine, Weinberge, Felsbuchten und sogar ein Sandstrand – der slowenische Teil Istriens präsentiert die mediterrane und Karstwelt der Halbinsel im Kleinen!

Auf lediglich 46 km Küstenlänge und im Hinterland sind konzentriert all jene Charakteristika versammelt, die auch den kroatischen Teil der Halbinsel prägen. Für Slowenien besitzt der schmale Küstenstreifen großen wirtschaftlichen Wert; er sichert dem Land seinen Zugang zum Meer. Der Hafen Koper machte dem italienischen Triest schon in jugoslawischer Zeit Konkurrenz; seit Sloweniens Unabhängigkeit ist seine Bedeutung weiter gestiegen. An der Küste reihen sich die Orte Koper, Izola und Piran, das elegante Portorož wie auch das Naturschutzgebiet der sehenswerten Salinen von Sečovlje aneinander. Die Wehrkirche von Hrastovlje erinnert wiederum daran, dass diese Region häufig umkämpft war. Ausführliche Informationen finden Sie im MARCO POLO Slowenien.

IZOLA

(132 B3) (*M E3*) Schmale Gassen, Geranien an den Fenstern und Oleander vor den Türen der Häuser, eine Pfarrkirche mit einem mächtigen Campanile und ein hübscher, kleiner Hafen – Izola wirkt ein bisschen verträumt und aus der Zeit gefallen.

Die slowenische Riviera: lebhafte Hafenstädtchen, hügeliges Hinterland und geheimnisvolle Höhlen

Wie die Nachbarorte Koper und Piran gründete man auch Izola (16 000 Ew.) zunächst auf einer vorgelagerten Insel, die später mit dem Festland verbunden wurde. Funde aus der Römerzeit belegen, dass hier schon um die Zeitenwende Menschen siedelten. Später musste sich Izola wie alle istrischen Küstenstädte der Serenissima unterwerfen, auf die ab 1797 die Habsburger folgten. Wirtschaftlich bedeutend sind Fischfang, Tourismus und Landwirtschaft – aus Izolas Hinterland kommen bester Wein, Olivenöl und Obst.

SEHENSWERTES

ARCHÄOLOGISCHER PARK SIMONOV ZALIV

Auf dem südlich von der Marina Izolas gelegenen Ausgrabungsgelände erinnern die Fundamente und Mosaiken einer rund 3000 m² großen römischen Villa an die Bedeutung des damaligen *Haliaetum*. Im Meer sind außerdem noch Überreste des ehemaligen Hafenkais erhalten. *Mitte Juni–Sept. tgl. 17–20 Uhr | Eintritt frei*

IZOLA

Ob Fischerboote oder Yachten – das quirlige Hafenleben hat Izola schon immer geprägt

KIRCHE SV. MAVRA

Das Gotteshaus wurde im 16. Jh. anstelle einer romanischen Vorgängerin errichtet. Interessant ist der Kontrast zwischen seiner zierlichen, im Renaissancestil und in hellen Farben gehaltenen Fassade und dem rustikalen, aus istrischem Stein erbauten Turm. Der Innenraum präsentiert Fresken und Gemälde des Barock. *Juli/Aug. Mo–Sa 10–14, 16–20, So 11–13, 15–20 Uhr | Eintritt frei | Trg Sv. Mavra*

MANZIOLIJEV TRG

Den stimmungsvollen Platz unweit des Hafens schmücken mehrere Häuser in venezianischer Gotik und Renaissance, so der 1470 erbaute *Manzioli-Palast*. Das Haus daneben, *Palazzo Lovisato*, steht auf römischen Fundamenten. Die romanische Kirche *Sv. Marije Alijetske* gegenüber ist Izolas ältestes Gotteshaus und besitzt einen eigenwilligen, achteckigen Grundriss.

MUSEUM PARENZANA

1902–35 verband die Schmalspurbahn Parenzana Triest mit dem kroatischen Poreč und hielt dabei auch in den slowenischen Küstenorten. Heute dient die ehemalige Bahntrasse als beliebter Fernradwanderweg. Das Museum erinnert mit Modellen von Lokomotiven und Bahnhöfen sowie mit historischen Fotografien an die kurze Ära der Schmalspurbahn. *Do–Sa 16–19, So 10–12 Uhr | Eintritt 1,50 Euro | Ul. Alme Vivode 3 | www.parenzana.net*

PALAZZO BESENGHI DEGLI UGHI

Dieses imposante Barockpalais mit seiner Freitreppe und den kunstvollen Fenstergittern wurde Ende des 18. Jhs. für die reiche Kaufmannsfamilie Besenghi erbaut. Die repräsentativen Innenräume nutzt heute die Musikschule von Izola, und wenn gerade unterrichtet wird, ist ein neugieriger Blick hinein erlaubt. *Gregorčičeva Ul.*

INSIDER TIPP PINIENALLEE

Kurz hinter Izola auf dem Weg in Richtung Portorož säumt eine alte Pinienallee die Straße. Wie schützende Schirme

SLOWENISCH-ISTRIEN

FREIZEIT & STRÄNDE

Eine reizvolle Badebucht (Kies) finden Sie in *Simonov Zaliv* südlich von Izola. Zur Strandanlage *(Eintritt 2,50 Euro)* gehören eine Riesenrutsche und Beachvolleyball-Felder.

AM ABEND

AMBASADA GAVIOLI
Eine der Topdiskotheken Sloweniens und gerne auch von den italienischen und kroatischen Technofans besucht. *Industrijska Cesta 10*

beugen sich die Baumkronen zueinander und bilden ein fast lückenloses Dach – ein schönes Fotomotiv!

ESSEN & TRINKEN

GOSTILNA KORTE
Das einfache Gasthaus in Korte, 13 km von Izola, überzeugt vor allem durch seine Nudelgerichte mit Pilzen und Trüffeln sowie das Fleisch vom Grill. *Korte 44 | Tel. 05 6 42 02 00 | gostilnakorte.si | €–€€*

MARINA
Gute istrische Fischküche und eine Auswahl internationaler Speisen vor der Kulisse des alten Hafens. *Veliki Trg 11 | Tel. 05 6 60 41 00 | www.hotelmarina.si | €€*

INSIDER TIPP ▶ WINE BAR MANZIOLI
Die gemütliche Weinbar mit Tischen im Freien schenkt edle Tropfen des Weinguts Zaro (bei Izola) und anderer Winzer aus. Dazu serviert das Wirtspaar Schinken, Salami und Käse. *Manziolijev Trg 5 | Tel. 05 6 16 21 37 | €*

MARCO POLO HIGHLIGHTS

★ **Dreifaltigkeitskirche Hrastovlje**
Ein Tänzchen mit dem Tod wagen Arm und Reich, Kind und Greis – auf den Fresken von Sv. Trojica sind alle gleich! → S. 36

★ **Titov Trg**
Prätorenpalast, Loggia und Dom prägen in Koper einen der elegantesten Plätze der Region → S. 36

★ **Lipica**
Die Wiege der weltberühmten Lipizzaner ist nicht nur wegen der Pferde sehenswert → S. 37

★ **Škocjanske jame**
Nirgends höhlt stetes Wasser den Stein so faszinierend wie im Höhlensystem von Škocjan → S. 37

★ **Piran**
Die venezianische Kulisse für Müßiggänger lädt zum Bummeln und Genießen → S. 37

34 | 35

IZOLA

ÜBERNACHTEN

HOSTEL ALIETI
Die Jugendherberge in der Altstadt hat bunt und freundlich eingerichtete Mehrbettzimmer, dazu kostenloses WLAN. *5 Zi. | Dvorišča Ul. 24 | Tel. 05 1 67 06 80 | www.hostel-alieti.si | €*

Rand des Dorfs Hrastovlje, 26 km östlich von Izola. 1490 malte Johannes von Kastav die schlichte, dreischiffige Kirche *Sv. Trojica* aus dem 13. Jh. komplett aus. Die Heiligen Drei Könige, die Passion Christi, die Genesis sind Themen der wunderbar erhaltenen Wandbilder. Ikonografischer Höhepunkt ist der *Totentanz:* Menschen

Außen Wehrmauern, innen gotische Fresken: Kirche von Hrastovlje

MARINA
Romantische Lage am alten Hafen, hübsche Zimmer, empfehlenswertes Restaurant – in diesem Stadthotel kommen Sie angenehm unter. *52 Zi. | Veliki Trg 11 | Tel. 05 6 60 41 00 | www.hotelmarina.si | €€*

AUSKUNFT

TOURISTENINFORMATION
Ljubljanska Ul. 17 | Tel. 05 6 40 10 50 | www.izola.eu

ZIELE IN DER UMGEBUNG

DREIFALTIGKEITSKIRCHE HRASTOVLJE
★ (133 D4) (*G3*)
Ein erstaunliches Freskenwunder verbirgt sich hinter den hohen Wehrmauern am verschiedenen Standes und Alters tanzen mit dem Tod einen Reigen. *Mo–Fr nach Anmeldung unter Mobiltel. 031 43 22 31, Sa/So 9–17 Uhr | Eintritt 2 Euro*

KOPER (132 B3) (*E–F 2–3*)
Mit seiner eleganten Loggia, dem stolzen Prätorenpalast und den vielen kleineren architektonischen Attraktionen in der Altstadt zählte Koper (25 000 Ew.), 6 km östlich, zu den reizvollsten Zielen an der slowenischen Küste – wäre das historische Zentrum nicht so ausgestorben. Dennoch lohnt ein Bummel vom alten Hafen durch die *Kidričeva Ulica* vorbei am barocken *Palazzo Belgramoni-Tacco* und anderen, kleineren Palazzi zum ★ *Titov Trg.* Die Platzanlage ist sensationell: Links die *Loggia* (15./17. Jh.) mit zierli

SLOWENISCH-ISTRIEN

chen gotischen Bögen, ihr gegenüber der *Prätorenpalast* (15. Jh.) mit Renaissancefassade und Zinnen, dazwischen der *Dom* (12. Jh., im 15. Jh. erweitert), dessen Altar ein Gemälde von Vittore Carpaccio schmückt. Genießen Sie die Stadtansicht bei einem Cappuccino im *Café Loggia* (Kidričeva 46). In der Schustergasse *Čevljarska Ulica* passieren Sie den mit gotischen Fresken bemalten *Palazzo Almerigogna* (15. Jh.). Vom lauschigen *Prešernov Trg* mit dem *DaPonte-Brunnen* (1666) verlassen Sie die Altstadt durch das einzige noch erhaltene Stadttor *Porta Muda* (1516) mit Kopers Wappen, einer lächelnden Sonne.

LIPICA ⭐ (132 C2) (*□ F1*)

1581 nahm das berühmte Gestüt 34 km nordöstlich auf Geheiß des Habsburger Erzherzogs Karl die Lipizzanerzucht mit 24 spanischen Stuten und sechs Hengsten auf. Später kreuzte man auch neapolitanische und arabische Linien ein. Das Ergebnis: elegante und zugleich sehr robuste Pferde, die sich aufgrund ihrer Gelehrigkeit ideal für das Zeremoniell der Spanischen Hofreitschule in Wien eigneten. Inzwischen züchtet man Lipizzaner, die mit dunklem Fell geboren werden und erst im Alter von acht Jahren die charakteristische weiße Farbe annehmen, auch in anderen Gestüten, doch bleibt Lipica nicht nur der älteste, sondern auch der schönste Aufzuchtort. Hundertjährige Linden und Eichen verleihen der Karstlandschaft mit ihren Dolinen und Einbruchtrichtern ein besonderes Gepräge. Besucher sehen bei der Besichtigung den historischen Hengststall, das *Museum Lipikum* und natürlich die Pferde auf der Weide. *Geführte Besichtigung Nov.–Feb. tgl. 11, 13, 14, 15, März auch 10 und 16, April–Juni, Sept., Okt. tgl. 9–17 stündl., Sa/So auch 18, Juli, Aug. tgl. 9–18 Uhr stündl. | Eintritt 12 Euro | Tel. 05 7 39 17 09 | www.lipica.org*

ŠKOCJANSKE JAME (HÖHLEN VON ST. KANZIAN) ⭐ ●
(133 D2) (*□ G2*)

Das Höhlensystem in der Nähe des Dorfs Matavun 40 km nordöstlich zählt zum Unesco-Weltnaturerbe: Es ist von außerordentlicher Schönheit und Wildheit und dokumentiert anschaulich das Entstehen sowie die stetige Veränderung von Karstphänomenen: Neben den durch Wasser und Erosion geschaffenen Höhlen mit ihren Tropfsteinformationen ist auch ein unterirdischer Canyon zu sehen, durch den der Fluss Reka in 100 m Tiefe rauscht. Den Abschluss der rund eineinhalbstündigen Besichtigung bildet eine Doline, also ein Höhlenabschnitt, dessen Decke eingestürzt ist, eine charakteristische Geländeform des Karstes.

Ein neu eröffneter INSIDER TIPP Rundgang führt entlang des Flusses Reka durch kurze Höhlenpassagen und weitere Dolinen zur *Tominčeva jama*, wo bedeutende archäologische Funde gemacht wurden. Ziehen Sie warme Kleidung und rutschfeste Schuhe an! *Führungen Nov.–März tgl. 10, 13, 15, April, Mai, Okt. 10, 13, 15.30, Juni–Sept. 10–17 Uhr stündl. | 15, mit Rundgang Reka 20 Euro | www.park-skocjanske-jame.si*

PIRAN

(132 A3–4) (*□ D–E3*) ⭐ **Eine lange, schmale Landzunge, Häuser in warmen Farbtönen, Straßencafés, ein schlanker Campanile, und auf dem kreisrunden Hauptplatz drehen Skater ihre Runden um das Denkmal eines Geigers – Pirans (4100 Ew.) historisches Stadtbild ist geprägt vom Erbe Venedigs und belebt von mediterraner Leichtigkeit.**

Piran, das wahrscheinlich von griechischen Seefahrern gegründet wurde, erlebte ab dem 13. Jh. unter venezianischer

PIRAN

Herrschaft seine Blütezeit, und zwar durch Salzhandel. Der Stadt gehörten die Salinen von Sečovlje und Strunjan. Zwar beanspruchte Venedig das Handelsmonopol, aber Pirans Stadtväter fanden Mittel und Schleichwege, ebenfalls daran zu verdienen.

SEHENSWERTES

ALTSTADT

Lassen Sie sich einfach durch die Gassen östlich und nördlich des Hafens und entlang der Landzunge treiben. Im Stadtteil *Marčana,* der zur Kirche Sv. Jurij hinaufführt, aber auch auf der *Halbinsel Punta* sind viele mittelalterliche Häuser mit Außentreppen und Erkern erhalten.

Mittelpunkt der Stadt ist der *Tartinijev Trg,* benannt nach dem Komponisten und „Teufelsgeiger" Giuseppe Tartini (1692–1770), der hier geboren wurde und den Platz als Denkmal schmückt. Auffällig ist das rote, schmale Haus in venezianischer Gotik, das ein Kaufmann aus der Serenissima angeblich für seine Geliebte erbauen ließ.

INSIDER TIPP **KIRCHE SV. JURIJ**

Am höchsten Punkt der Halbinsel wacht das barocke Gotteshaus über die Altstadt. Seinem Turm ist das Vorbild, der Campanile von Venedig, deutlich anzusehen. Sollte das ebenfalls frei stehende *Baptisterium* geöffnet sein, lohnt ein Blick auf den Taufstein, der aus einem römischen Sarkophag gearbeitet wurde. Das schönste hier oben aber ist der Blick nach Koper und Triest. Und wenn die *burja* den Himmel blankgeputzt hat, schweben am Horizont die Gipfel der Julischen Alpen und der Dolomiten über dem Meer.

ESSEN & TRINKEN

Entlang der Uferpromenade an der Punta finden Sie eine ganze Reihe von Restaurants.

INSIDER TIPP **GOSTILNA NA BURJI**

Die Anfahrt ins 18 km entfernte Dorf Nova Vas lohnt unbedingt, denn hier erleben Sie eine authentische istrische Kneipe, in der ausschließlich mit regionalen Produkten gekocht wird. Ob es *jota,* den istrischen Eintopf mit Bauchspeck, selbst gemachte *fuži* mit Salbei, *brancin* aus der Bucht von Piran oder Lamm gibt, hängt vom Markt, den Nachbarn und den Fischern ab, bei denen Oriella und Moreno ihre Zutaten beziehen. *Mo geschl., sonst tel. reservieren | Nova Vas 57 | Tel. 05 6 72 60 42 | €€*

PRI MARI

Das kleine Lokal steht für innovative Mittelmeerküche. Traditionelle istrische Rezepte bereichert die Besitzerin Mara mit venezianischer Kochkunst. *Dantejeva Ul. 17 | Tel. 05 6 73 47 35 | €€*

LOW BUDGET

▶ In der Jugendherberge *Stara Šola Korte* im ländlichen Hinterland von Izola können Sie deutlich preiswerter wohnen als an der Küste. *17 Zi. | Korte 74 | Tel. 05 6 42 11 14 | www. hostel-starasola.si*

▶ Luxus-Beachen muss nicht sein! Im städtischen Strandbad von Portorož zahlen Sie 5 Euro für einen Liegestuhl und können den ganzen Tag bleiben! Wer's einsamer mag, läuft von Izola die Küste entlang in Richtung Strunjan und sucht sich ein Plätzchen an den Buchten unterhalb des Flyschfelsens Bele Skale.

SLOWENISCH-ISTRIEN

EINKAUFEN

BENEČANKA
In diesem Geschäft kommt alles aus den Salinen von Sečovlje, von grobkörnigem Salz bis zu feinem Fleur de Sel. *Ul. IX Korpusa 2*

FREIZEIT & STRÄNDE

Einheimische springen gleich an der ● *Punta* ins Meer; Leitern erleichtern den Einstieg.

AM ABEND

KONZERTABENDE IM MINORITENKLOSTER ●
Der Renaissancekreuzgang des Klosters dient in den Sommermonaten als Bühne für Aufführungen klassischer Musik, darunter auch Werke von Tartini. *Piranski Glasbeni Večeri | www.festivalpgv.si*

ÜBERNACHTEN

MIRACOLO DI MARE
Zauberhafte Unterkunft im Herzen der Altstadt in freundlich eingerichteten Zimmern und liebevoll umsorgt von den Gastgebern. *12 Zi. | Tomšičeva 23 | Tel. 05 9 2176 60 | miracolodimare.si | €–€€*

PIRAN
Großes Plus des komfortablen Hotels ist die Lage direkt an der Uferpromenade; wählen Sie eins der jüngst renovierten ❄ Zimmer mit Meerblick! *89 Zi. | Stjenkova 1 | Tel. 05 6 66 71 00 | www.hotelpiran.si | €€*

AUSKUNFT

TOURISTENINFORMATION
Tartinijev Trg 2 | Tel. 05 6 73 44 40 | www.portoroz.si

Zum Charme von Piran trägt der malerische Hafen bei

PORTOROŽ

(132 A4) (ᴍ E3) **Die Luxushotels und Villen an der palmenbestandenen Promenade des Seebads (3000 Ew.) beherbergten einst die Crème de la Crème der europäischen Society.**

Als Jugoslawien sozialistisch wurde, traf sich hier die kommunistische Politprominenz. Viele der schönen, alten Hotels und Villen mussten in den 1970er-Jahren Hotelneubauten weichen, in denen man preiswert Urlaub machen konnte. Doch einige wie das altehrwürdige Palace haben überlebt und wurden wiedereröffnet.

PORTOROŽ

Ihnen verdankt Portorož seinen besonderen Charme.

SEHENSWERTES

STRAND

Die Attraktion ist der künstlich aufgeschüttete Sandstrand. An den Luxus-Beaches der teuren Hotels *(z. B. Meduza Beach | Eintritt 35 Euro)* wird jeder Komfort geboten, private Strandkabinen inklusive.

ESSEN & TRINKEN

Restaurants, Snackbars und Schnellimbisse säumen die Uferpromenade *Obala*.

RIZIBIZI

Von der ☀ Terrasse am Hang blicken die Gäste über die buchtenreiche Küste. Die feine Küche bevorzugt regionale Zutaten wie heimisches Olivenöl und Salz aus den Salinen. *Mo geschl. | Vilfanova 10 | Tel. 05 9 93 53 20 | www.rizibizi.si | €€€*

FREIZEIT & SPORT

Stolz ist Portorož auf das breite Wellness-Angebot in den Hotels, das auch Nichtgästen offensteht.

INSIDER TIPP ROSE SPA

Der Wellnessbereich des Kempinski Palace gilt als schönste und raffinierteste Verwöhnoase. *Tgl. | Obala 45 | Tel. 05 6 92 70 00 | www.kempinski.com*

AM ABEND

ALAYA COCKTAIL BAR

Strohhütten am Strand und leckere Drinks bringen einen Hauch Südsee

BÜCHER & FILME

▶ **Europa erlesen: Istrien/Europa erlesen: Kvarner** – Lesenswerte Bändchen mit Texten historischer und aktueller Autoren zu Istrien bzw. Kvarner

▶ **Edi Matić, Grimalda** – Krimi, Liebesgeschichte und eine Liebeserklärung an die istrische Landschaft zugleich

▶ **Fulvio Tomizza: Materada** – Dem im istrischen Materada geborenen Schriftsteller gelang mit diesem Roman aus seiner Heimat der literarische Durchbruch

▶ **Richard Swartz: Ein Haus in Istrien** – Auch eine Liebesgeschichte, die um den nahezu kafkaesk verlaufenden Versuch kreist, ein istrisches Haus zu erwerben

▶ **Gladiator** – Russell Crowe kämpfte in der Arena von Pula gegen seinen Erzfeind Commodus (2000)

▶ **Der Schatz im Silbersee/Winnetou I–III** – Viele Szenen der in den 1960er-Jahren beliebten Karl-May-Verfilmungen wurden in Istrien und Kvarner gedreht, z. B. in der Bucht Limska Draga oder an den Hängen des Risnjak-Nationalparks

▶ **Die Toten vom Karst/Der Tod wirft lange Schatten** – Veit Heinichens Krimis und deren TV-Verfilmungen spielen in Triest und Istrien. Sie spiegeln brisante Themen des Grenzgebiets – Menschenschmuggel, politische Vergangenheit – und den Charme der Landschaft wie der hier lebenden Menschen

SLOWENISCH-ISTRIEN

Eine Prozedur, die viel Zeit und Sonne braucht: Salzgewinnung in den Salinen von Sečovlje

nach Portorož. *So geschl. | Obala 22 | www.alaya.si*

ÜBERNACHTEN

CASA DEL SAL
Familiäres Haus an den Salinen – genießen Sie schon beim Aufwachen die gesunde, salzgeschwängerte Luft und absolute Ruhe! *4 Zi. | Parecag 182 | Sečovlje | Tel. 041 66 68 57 | www.casadelsal.com | €€*

KEMPINSKI PALACE PORTOROŽ
Historisches Haus mit modernem Anbau und mehreren Restaurants, darunter das viel gelobte *Sophia*. Herrlich nostalgisch ist das Frühstück im historischen Ballsaal. *183 Zi. | Obala 45 | Tel. 05 6 92 70 00 | www.kempinski.com | €€€*

AUSKUNFT

TOURISMUSVERBAND
Obala 16 | Tel. 05 6 74 22 20 | www.portoroz.si

ZIEL IN DER UMGEBUNG

SALINEN VON SEČOVLJE
(132 A–B4) *(E3)*

Die etwa 650 ha großen Salinen an der Grenze zu Kroatien, etwa 5 km südlich von Portorož werden nur noch in der nördlichen, *Lera* genannten Hälfte bewirtschaftet. Das gesamte Areal der Salinen steht inzwischen unter Naturschutz, sodass Sie im südlichen Bereich, der *Fontanigge*, gut beobachten können, wie sich die Natur ihr Terrain zurückerobert. Salzliebende Pflanzen siedeln sich in den aufgelassenen Verdunstungsbecken an, Zugvögel nutzen sie als Raststätte, scheue Sumpfschildkröten leben hier ebenso wie elegante Silberreiher. Ein kleines *Museum (April, Mai, Sept., Okt. tgl. 9–18, Juni–Aug. 9–20 Uhr | Eintritt 3,50 Euro)* vor Ort erläutert Ihnen außerdem die traditionellen Techniken der Salzgewinnung. *Salinen tgl. Sommer 8–21, Winter 8–17 Uhr | Eintritt 5 Euro | www.kpss.si*

KROATISCH-ISTRIEN

Kenner nennen das istrische Binnenland die „kroatische Toskana". Auf seinen wie Kegel geformten Hügeln verbergen sich mittelalterliche Städtchen hinter grauen Wehrmauern, und auf den steilen Hängen und den dazwischen liegenden weiten Tälern wurzeln Weinreben und Olivenbäume in fruchtbarer Erde.

Im kroatischen Teil Istriens treffen vielfältige Zeugnisse einer alten, romanoslawischen Kultur auf eine ebenso lange landwirtschaftliche Tradition, deren Produkte, allen voran Wein und Olivenöl, von Feinschmeckern weltweit gerade entdeckt werden. Dieses bäuerliche Kernland säumt eine zumeist felsige, von Pinien und Kiefern beschattete Küstenlinie mit reizvollen Hafenstädtchen, die ihre von Venedig geprägte Geschichte in Architektur und Wappen tragen. Dazwischen reihen sich, v. a. entlang der flacheren Westküste zwischen Kap Savudrija und Pula, Apartmentanlagen, Hotels und Campingplätze auf. Von den Ferienorten Poreč, Medulin oder Rabac ist es nur ein Katzensprung in die malerischen Dörfer und Bergstädtchen Inneristriens, die Wein- und Olivenölstraßen zu einer einzigartigen Genießerlandschaft verbinden.

BUZET

(133 D5) (*M G4*) In Buzets malerischer Altstadt drängen sich Häuser und Palazzi aus der Renaissance und dem Barock zwischen Großem Tor und der St.-Georgs-Kirche. Von dem 150 m ho

Bild: Rovinj

Mediterrane Städtchen, idyllische Kiesbuchten und ein hügeliges Hinterland für Genießer

hen 🌿 Hügelplateau, auf dem Buzet gegründet wurde, eröffnen sich grandiose Panoramen über die grünen Hügel Inneristriens.

Wie die meisten istrischen Bergstädte geht auch Buzet (6000 Ew.) auf ein *Castelliere* zurück, eine befestigte Hügelsiedlung, die Illyrer in der Bronzezeit anlegten. Die erhaltenen Festungsmauern und Kirchen entstammen dem 16.–18. Jh. und sind kaum restauriert, was ihnen Authentizität und dem Ort eine besondere Stimmung verleiht. Außer den steinernen Zeugen gibt es einen weiteren Grund, Buzet zu besuchen – es ist Istriens Trüffelhauptstadt!

SEHENSWERTES

ALTSTADT
Hinter dem mit dem Markuslöwen geschmückten Stadttor *Vela Vrata* (16. Jh.) locken schmale Gassen Besucher zu einem Bummel. Viele historische Bauten wie etwa der *Palazzo Bembo (Ul. M. Trinajstića)*, die *Große Zisterne (Trg Vela*

42 | 43

BUZET

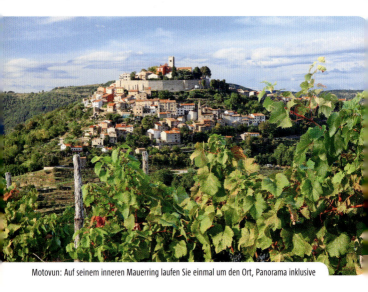

Motovun: Auf seinem inneren Mauerring laufen Sie einmal um den Ort, Panorama inklusive

Šterna), in der Regenwasser gesammelt wurde, und das Kleine Tor *Mala Vrata (Ul. Mala vrata)* sind vom Barock geprägt. Schräg gegenüber ist ein venezianischer Getreidespeicher, *fondaco (Ul. Mala vrata)*, erhalten. Auffälliges Merkmal der Buzeter Häuser: die vielen in Stein gehauenen Wappen alter Adelsfamilien.

ESSEN & TRINKEN

STARA OŠTARIJA
Mit fantastischem Blick über das Mirnatal genießen Gäste istrische Trüffeln in verschiedenen Zubereitungsformen – Familie Marušić sammelt die kostbaren Knollen selbst! *Ul. Petra Flega 5 | Tel. 052 69 40 03 | www.stara-ostarija.com.hr | €€*

EINKAUFEN

ZIGANTE TARTUFI
Der Laden befindet sich unterhalb der Altstadt. Neben weißen und schwarzen Trüffeln gibt es auch aromatisiertes Öl und Trüffelcreme. *Trg Fontana | www.zigantetartufi.com*

FREIZEIT & SPORT

Der Gebirgszug Ćićarija östlich von Buzet ist Startplatz für Paraglider. Treffpunkt ist das *Camp Razpadalica (550 Kuna/Flug | auch im Tandem | 30 Stellplätze | Tel. 089 9 22 80 81 | www.razpadalica.com)*.

ÜBERNACHTEN

VELA VRATA
Das Altstadthotel ist romantisch am Stadttor gelegen; die Zimmer sind etwas klein, aber freundlich eingerichtet *10 Zi. | Šetalište Vladimira Gortana 7 | Tel. 052 49 47 50 | www.velavrata.net | €€*

AUSKUNFT

TOURISMUSVERBAND BUZET
Šetalište Vladimira Gortana 9 | Tel. 052 66 23 43 | tz-buzet.hr

KROATISCH-ISTRIEN

ZIELE IN DER UMGEBUNG

HUM & ROČ ⭐

(133 D–E5) (ℳ G4)

Die Hügel um Buzet krönen viele weitere Siedlungen, manche nur aus wenigen Häusern bestehend, andere gut befestigt. *Roč* (335 m, 9 km östlich) rahmen Türme und Bastionen aus dem 16. Jh. ein. Innerhalb der Mauern präsentiert sich das Städtchen mit gleich mehreren Gotteshäusern als Hort der Frömmigkeit; sehenswert ist besonders die Kirche *Sv. Roč* mit romanischen und gotischen Fresken. In Roč beginnt die *Glagolitische Allee* ins 7 km entfernte Hum. Der Künstler Zelimir Janes erinnerte in den 1970er-/80er-Jahren mit elf Skulpturen entlang dieser Allee an bedeutende Persönlichkeiten und Begebenheiten der kroatischen Geschichte. *Hum* (16 km südöstlich), die laut Guinness-Buch der Rekorde „kleinste Stadt der Welt", liegt 339 m hoch. Dass früher weit mehr als die heute etwa 25 Einwohner hier lebten, belegen die gut erhaltenen Mauern und stattlichen Häuser des Ortskerns, den man durch ein mächtiges Tor (12. Jh.) betritt. Aus dem 16. Jh. sind außerdem die *Loggia* und der *Gemeindetisch,* an dem Recht gesprochen wurde, erhalten. Den berühmten Humer Mistelschnaps *Biska* können Sie im Laden *Trgovina Imela* gleich neben dem Stadttor kaufen.

ISTARSKE TOPLICE (132 C5) (ℳ F4)

Das Thermalbad 6 km südwestlich duckt sich dramatisch unter die Felstürme des Ćićarija-Massivs. Rund um die bereits in römischer Zeit genutzten Thermen mit schwefelhaltigem Wasser und Heilschlamm sind die von der Erosion geschaffenen Felsformationen besonders eindrucksvoll. Auch ohne medizinische Indikation tut ein Wellnessaufenthalt in dem jüngst renovierten Komplex (270 Zi. | Sv. Stjepana 60 | Tel. 052 60 34 10 | www.istarske-toplice.hr | €€) gut.

MOTOVUN

(132 C5) (ℳ F4) **Wie gemalt beherrscht das mittelalterliche Städtchen von seiner 277 m hohen Kuppe das Hügelland des nordwestlichen Istriens und das Tal des Flusses Mirna. Boutiquen, Restaurants und Feinkostläden bringen buntes Leben in die historischen Mauern.**

Motovun (600 Ew.) ist in Ober- und Unterstadt geteilt und durch zwei Mauergürtel gesichert. Um *Kastell* und *Pfarr-*

MARCO POLO HIGHLIGHTS

⭐ **Hum & Roč**
Glagolitische Zeugnisse im istrischen Hinterland und die „kleinste Stadt der Welt" → S. 45

⭐ **Grožnjan**
Wehrhaftes Bergstädtchen mit musisch-mediterranem Flair → S. 49

⭐ **Sv. Marija na Škriljinah**
Mittelalterliches Freskenwunder am Ortsrand von Beram → S. 52

⭐ **Euphrasius-Basilika**
Frühchristliche Spuren und byzantinische Pracht in Poreč → S. 53

⭐ **Amphitheater**
Römische Geschichte zum Anfassen im Herzen von Pula → S. 56

⭐ **Rovinj**
Entspanntes Flair in schmalen Gassen → S. 62

MOTOVUN

kirche am höchsten Punkt bilden die grauen, eng aneinander gedrängten Steinhäuser einen Verteidigungswall. Eine schmale Straße endet an der Friedhofskirche *Sv. Margareta,* von wo aus es steil und nur zu Fuß weitergeht.

SEHENSWERTES

OBERSTADT (KAŠTEL)
Mittelpunkt des historischen Ensembles ist der Platz *Trg Andrea Antico* mit Palazzi aus Renaissance und Barock. Eine große Zisterne unter dem Platz versorgte die Einwohner mit Wasser – der aus dem 14./15. Jh. stammende Brunnen erinnert daran. Kastanienbäume beschatten die Terrasse des komfortablen Hotel Kaštel. Von hier gelangen Sie auf den inneren 🌿 *Mauerring,* auf dem Sie vorbei an mehreren Wachtürmen einmal um die Stadt laufen können – herrliche Panoramen über Istrien sind Ihnen dabei garantiert!

STADTTOR (GRADSKA VRATA)/ UNTERSTADT (PODGRAD)
Unübersehbar prunkt der Markuslöwe über dem mit vielen Familienwappen geschmückten *Renaissancetor,* das durch den äußeren Mauerring in die Stadt führt. Der lang gestreckte Platz dahinter endet an der ehemaligen 🌿 *Loggia* (17. Jh.) – auch hier haben Sie einen fantastischen Blick über das Mirnatal! Der Loggia gegenüber führt ein zweites, gotisches *Stadttor* in die Oberstadt.

ESSEN & TRINKEN

POD NAPUN
Hinter den Verkaufsräumen für Wein, Öl und Trüffeln verbirgt sich eine freundliche *konoba,* deren Plus nicht nur die hervorragende, preiswerte Trüffelküche, sondern auch die 🌿 Terrasse mit Blick aufs Mirnatal ist. *Di geschl. | Gradziol 33 | Tel. 052 68 17 67 | €–€€*

POD VOLTOM
Dieses Restaurant im oberen Stadttor besitzt ebenfalls eine 🌿 Panoramaterrasse. Hier sollten Sie sich an deftige Spezialitäten wie etwa Wildgulasch mit hausgemachten *njoki* halten! *Mi geschl. | Trg Josef Ressel 6 | Tel. 052 68 19 23 | €–€€*

EINKAUFEN

ETNOBUTIGA ČA
Wein, Öl und Trüffeln sowie andere landwirtschaftliche Produkte istrischer Erzeuger, darunter heimische Trüffeln von *Miro tartufi. Gradziol 33*

ÜBERNACHTEN

KAŠTEL
Ein freundliches Mittelklassehotel mit komfortablen Zimmern und einem modernen, kleinen Spabereich. *33 Zi. | Trg Andrea Antico 7 | Tel. 052 68 16 52 | www. hotel-kastel-motovun.hr | €€*

INSIDER TIPP STANCIJA SCODANELLA
Unter den inzwischen wirklich zahlreichen istrischen Ferienhäusern ist dieses mit einer Traumlage gesegnet – vom 🌿 Pool blickt man auf das mittelalterliche Motovun! Auch die perfekte, geschmackvolle Ausstattung des alten Bauernhauses steigert Entspannung und Wohlbefinden. *Für max. 9 Pers. ab 1600 Euro/Woche | Tel. 052 68 15 18 | www. istrien-pur.com*

AUSKUNFT

TOURISMUSVERBAND MOTOVON
Trg Andrea Antico 1 | Tel. 052 68 17 26 | www.tz-motovun.hr

KROATISCH-ISTRIEN

ZIEL IN DER UMGEBUNG

MIRNATAL & LIVADE (132 C5) (*F4*)

Die 53 km lange Mirna wird ihrem Namen „die Ruhige" gerecht. Still und sanft folgt der Fluss seinem Lauf von der Quelle unweit von Hum bis zur Mündung in die Adria bei Novigrad. Im besonders idyllischen Abschnitt zwischen Istarske Toplice und Livade säumen lichte Wälder aus Stieleichen, Eschen und Ulmen den Fluss. Im Herbst sind hier die Trüffelsucher mit ihren Hunden unterwegs. Vom Gault Millau hoch bewertet ist das *Restaurant Zigante (Livade 7 | Tel. 052 66 43 02 | www.zigantetartufi.com | €€€)* im Dorf Livade, das feinste Küche mit weißen wie schwarzen Trüffeln krönt.

NOVIGRAD

(132 A6) (*D–E4*) **Buchten und Halbinseln prägen die nordistrische Küste.**

Auf einer reckt Novigrads Campanile seine Spitze vorwitzig in den Adriahimmel. Im Hafen dümpeln Fischerboote einträchtig neben Luxusyachten, Hotel- und Apartmentanlagen säumen die Kiesstrände im Norden und Süden, doch selbst im Hochsommer behält Novigrad sein Flair entspannter Gelassenheit.

Bis in die griechische Antike reichen die Wurzeln der Hafenstadt (4000 Ew.), die ursprünglich auf einer Insel gegründet und erst im 18. Jh., dann unter venezianischer Herrschaft, mit dem Festland verbunden wurde. Traditionell lebte Novigrad vom Fischfang und dem fruchtbaren Hinterland, in dem heute Armeen von Olivenbäumen preisgekrönte Extra-vergine-Öle liefern.

SEHENSWERTES

ALTSTADT

Die mit Zinnen und Türmen bewehrte *Stadtmauer* verteidigt Novigrad auch

Auch in Novigrad stolpern Sie stets über venezianische Hinterlassenschaften

46 | 47

NOVIGRAD

zur See hin. Erhalten ist auch die *Renaissanceloggia* in ungewöhnlicher Lage am Meer. Bummeln Sie durch die *Velika Ulica*, vorbei an historischen *palazzi* wie dem *Palača Rigo* (18. Jh.).

Novigrads von Cafés gesäumten Hauptplatz *Veliki Trg* beherrscht die Pfarrkirche *Sv. Pelagij* im venezianischen Barock. Drinnen lohnt unbedingt ein Blick in die INSIDER TIPP *romanische Krypta (im Sommer tgl. 10–12 Uhr | Eintritt 20 Kuna)*, die einzige ihrer Art in Istrien.

GALLERION

Dieses Museum verdankt seine Existenz einem leidenschaftlichen Sammler von Exponaten der K.-u.-k.-Kriegsmarine und entführt Sie so in die Ära der bunten Uniformen, die nicht so idyllisch war, wie es mancher 1950er-Jahre-Film suggeriert. *Di–So 9–12, 16–20 Uhr | Eintritt 25 Kuna | Mlinska 1 | www.kuk-marine-museum.com*

LAPIDARIUM

Frühchristliche Exponate wie Altarschranken, Grabstelen und Steinreliefs aus vor- bzw. romanischen Kirchen der Region werden in dem modernen Bau ansprechend präsentiert. *Di–So Juni–Sept. 10–13, 18–22, Okt., April, Mai 10–13, 17–20, Nov.–März 10–13, 17–19 Uhr | Eintritt 10 Kuna | Veliki Trg 8 | www.muzej-lapidarium.hr*

KONOBA ČOK

Familie Jugovac vollbringt in ihrem Restaurant ein kleines Wunder – sowohl der hungrige Gast ohne Feinschmeckeransprüche als auch der Gourmet sind von der kreativen Küche begeistert. *Mi geschl. | Sv. Antuna 2 | Tel. 052 75 76 43 | €€–€€€*

KONOBA MURA

Eine *konoba*, also Kellerkneipe im wahrsten Sinne; die kleine Karte listet deftige, bäuerliche Spezialitäten wie das Schweinefleischgericht *ombolo* und das istrische Gulasch *žgvacet*. *Zidine 10 | Tel. 052 72 64 29 | €*

ESSEN & TRINKEN

In Novigrad zaubert die Crème de la Crème der istrischen Kochkunst, etwa im *Damir & Ornella* (kroatische Sushi / €€€) und im *Pepenero* (Crossover / €€€), über die Sie in einschlägigen Feinschmeckerbibeln nachlesen können. Empfehlenswert ist aber auch die solide istrische Land- und Fischküche in den *konobe* Novigrads.

EINKAUFEN

VINARIJA NOVIGRAD

Offene Qualitätsweine zu günstigen Preisen, Malvazija z. B. um 16 Kuna/l. *Mo–Sa 8–20, So 8–13 Uhr | Mandrač 18*

FREIZEIT & SPORT

Das städtische Freibad am Ende der Novigrader Landzunge bietet mit Beachvol-

KROATISCH-ISTRIEN

Der Ort Grožnjan, einst dem Verfall preisgegeben, entwickelte sich zur Künstlerkolonie

leyballfeldern sowie der *Waikiki Beach Bar* Sport und Unterhaltung. Von dem betonierten Ufer erleichtern Leitern den Einstieg ins Meer.

AM ABEND

VITRIOL
Eine große Terrasse, das Plätschern der Wellen und der Blick auf eine glutrote Sonne, die ins Meer taucht. Novigrads beste Adresse für einen entspannten Abend mit feinen Cocktails. *Ribarnička 6 | www.vitriolcaffebar.com*

ÜBERNACHTEN

MAESTRAL
Man sieht es dem Hotelklotz nicht an, aber er wirtschaftet ökologisch (Mülltrennung, Pferdemist als Dünger, kostenlose Fahrräder für die Gäste), wofür er einen kroatischen Umweltpreis gewonnen hat. Fantastisch ist die Poollagune. Und das neue Wellnesscenter erfüllt höchste Ansprüche. *318 Zi. | Terre 2 | Tel. 052 85 86 30 | www.laguna-novigrad.hr | €€*

SAN ROCCO
Von den Zimmern dieses charmanten Familienhotels, 10 km landeinwärts gelegen, reicht der Blick über Weingärten bis zum Meer. Sein Feinschmeckerrestaurant wird zu Recht in höchsten Tönen gelobt. *12 Zi. | Srednja Ul. 2 | Brtonigla | Tel. 052 72 50 00 | www.san-rocco.hr | €€–€€€*

AUSKUNFT

TOURISMUSVERBAND NOVIGRAD
Mandrač 29a | Tel. 052 75 70 75 | www.novigrad-cittanova.hr

ZIELE IN DER UMGEBUNG

GROŽNJAN ★ (132 B5) (F4)
Viele istrische Hügelsiedlungen, darunter auch das 25 km landeinwärts liegende Grožnjan (288 m, 80 Ew.), wurden nach dem Zweiten Weltkrieg verlassen – zu unbequem war das Leben auf den steilen Hügeln. Ende der 1960er-Jahre startete die jugoslawische Regierung ein Revitalisierungsprogramm für Grožnjan, das zu einer Stadt der Künstler entwickelt wurde. Mehr noch als Motovun wirkt

48 | 49

PAZIN

Grožnjan mit seinem Stadttor, der Loggia, den barocken Bürgerhäusern aus dem 14.–18. Jh. kompakt und homogen. Sein besonderes Flair verdankt es allerdings den Künstlern, die in den Sommermonaten Ateliers und Galerien öffnen und den Ort beleben. Einen reizvollen Akzent setzt hier alljährlich das Festival *Jeunesse musicale,* zu dem junge kroatische Musiker anreisen. Gerne sitzen sie nach den Konzerten im Café *Bar Vero (Trg Cornera 3),* dessen ✂ Terrase das grüne Istrien zu Füßen liegt. Unter Schatten spendenden Kastanien serviert das *Restaurant Bastia (1. Svibnja | Tel. 052 77 63 70 | €€)* auf dem Hauptplatz istrische *fuži* mit Steinpilzen oder Steak mit Trüffeln.

HÖHLE MRAMORNICA (132 B5) *(ⲙ E4)*
Den vielfarbigen Tropfsteinen verdankt die „Marmor"-Höhle 7 km nordöstlich ihren Namen. Der Rundgang (warm anziehen!) dauert eine halbe Stunde, tel. Anmeldung erbeten. *Tgl. Juli/Aug. 10–18, Mai, Juni, Sept. 10–17, April, Okt. 10–16 Uhr | Eintritt 50 Kuna | Štancija Druškovič 20 | Tel. 052 77 43 13*

UMAG & SAVUDRIJA (132 A4) *(ⲙ D3)*
Zwischen Savudrija am nördlichsten Punkt des kroatischen Istriens und dem rund 8 km entfernten Umag reihen sich Hotelanlagen, Campingplätze und Feriensiedlungen an der von Pinienwäldern gesäumten Felsküste auf. Beide Orte haben kaum Sehenswertes zu bieten, sind aber bedeutende Touristenzentren. Umag besitzt als Austragungsort der Croatian Open einen internationalen Ruf bei Tennisinteressierten. Den Center Court rahmt die Ferienanlage *Sol Stella Maris (180 Villen | Stella Maris 8a | Tel. 52 71 05 50 | de.melia.com | €€–€€€)* mit Campingplätzen, Apartments und den reizvoll eingerichteten und schattig unter Pinien gelegenen *Istrian Villas* ein.

Weiter nördlich am Kap Savudrija kommen Sie sehr komfortabel im **INSIDER TIPP** *Kempinski Adriatic (186 Zi. | Alberi 300a | Tel. 052 70 70 00 | www. kempinski-adriatic.com | €€€)* unter. Architektur wie Einrichtung folgen modernen, klaren Linien; im Restaurant kombiniert Serafin Koutni genial inneristrische und mediterrane Traditionen. Im ⭮ *Carolea Spa* verwöhnen Sie kundige Hände nach allen Regeln der Massagekunst mit Ökoprodukten der heimischen Kosmetiklinie *Esensa Mediterana.*

PAZIN

(133 D6) *(ⲙ G5)* **Eine schroffe Schlucht, eine geheimnisvolle Höhle, ein trutziges Kastell – Pazins besondere Lage über dem Fluss Pažincica inspirierte Jules Verne zu literarischen Höhenflügen.**
Mitterburg hieß Pazin (9000 Ew.) unter Habsburger Herrschaft vom 14. bis Anfang des 19. Jhs. nicht zufällig – die Stadt liegt im Zentrum Istriens, war und ist deshalb auch dessen Hauptort und Verwaltungssitz. Jeden Dienstag findet hier ein sehr lebhafter Bauernmarkt statt.

SEHENSWERTES

KAŠTEL ● ✂
Das Paziner Kaštel steht direkt am Rand der 120 m tiefen Fojba-Schlucht, in der das Flüsschen Pažincica in einem Höhlensystem unter der Burg verschwindet. Jules Verne siedelte hier seinen Roman *Mathias Sandorf* an. Seit dem 10. Jh. als Burg verbrieft, erhielt das Kastell sein heutiges Aussehen im 16. Jh. Die vierflügelige Anlage beherbergt heute das *Ethnographische Museum Istriens (Di–So 10–18 Uhr | Eintritt 25 Kuna | Trg Istarskog Razvoda 1275 | www.emi.hr)* mit traditioneller istrischer Kultur.

KROATISCH-ISTRIEN

LEHRPFAD & HÖHLE UNTER DEM KAŠTEL (PAZINSKA JAMA)

Ein *Lehrpfad*, an dem mehrsprachige Tafeln Phänomene des Karstes erläutern, führt Sie hinunter zum Schluckloch, durch das der Fluss in den Untergrund strömt. Eine geführte Besichtigung der Höhle ist nach telefonischer Voranmeldung beim istrischen Verband der Höhlenforscher möglich. *Lehrpfad Di–So 10–19 Uhr | Eintritt 30, Höhlenbesichtigung 100 Kuna | Tel. 091 5 12 15 28 | www.pazinska-jama.com*

ESSEN & TRINKEN

KONOBA VINJA

Spezialitäten dieser rustikalen *konoba* sind zum Beispiel Pasta mit wildem Spargel und verschiedene Fleischgerichte vom heimischen istrischen *boškarin*-Rind. *So geschl. | Stancija Pataj | Tel. 052 62 30 06 | €€*

OGRADE

In diesem sympathischen Agritourismus 10 km außerhalb bereiten die Wirtsleute auf Vorbestellung Gerichte in der *peka*, einer Eisenpfanne, zu. *Lindarski Katun 60 | Tel. 052 69 30 35 | € | auch Unterkunft im 6-Pers.-Bungalow und 1 Apt. | €€*

FREIZEIT & SPORT

INSIDER TIPP ▸ ZIP LINE PAZINSKA JAMA

Schwindelfreiheit vorausgesetzt, geht es sicher festgezurrt auf einem Flying Fox über die Schlucht von Pazin. *April–Sept. tgl. 17–20 Uhr | 120 Kuna | Tel. 091 5 43 77 18 | short.travel/kki5*

ÜBERNACHTEN

Das einzige Hotel im Ort ist sehr einfach und nicht als Unterkunft zu empfehlen. Alternativ können Sie in Agritourismus-Betrieben übernachten, etwa im *Ograde*.

Hoch über einer tiefen Schlucht liegt die Bergstadt Pazin mit ihrem bedeutenden Kastell

50 | 51

POREČ

AUSKUNFT

TOURISMUSVERBAND PAZIN
Franine i Jurine 14 | Tel. 052 62 24 60 | www.tzpazin.hr

ZIELE IN DER UMGEBUNG

BERAM (133 D6) (*M G5*)
Die Kirche ⭐ *Sv. Marija na Škriljinah* am Ortsrand von Beram, 6 km nordwestlich von Pazin, zählt zu den kulturhistorischen Höhepunkten Istriens. Das gotische Gotteshaus schmückten der Maler Vincent von Kastav und zwei Kollegen 1474 mit farbenfrohen Fresken, die religiöse Szenen teils vor dem Hintergrund istrischer Landschaften abbilden, so die Anbetung der Hl. Drei Könige.

Ein makabres Motiv ziert den oberen Bereich der Ostwand: Bei diesem von einem Skelett angeführten Totentanz sind alle, Bischof wie Bauer, gleich. Die Führerin, die die Kirche aufsperrt und die Bilder erläutert (*20 Kuna*), ist in *Haus Nr. 33* oder *38* oder unter *Tel. 052 62 29 03* zu erreichen.

INSIDER TIPP ZAREČKI KROV
(133 D6) (*M G5*)
Packen Sie einen Picknickkorb und vergessen Sie die Badesachen nicht! Ein Stück die Pažincica flussaufwärts verbirgt sich ein richtiges Idyll zwischen Bäumen und Feldern: Der Fluss sprudelt (oder sickert, je nach Wasserstand) hier über eine 8 m hohe Felsstufe in einen kleinen, 15 m tiefen See.

Sie erreichen Zarečki Krov aus Pazin auf der Ausfallstraße in Richtung Nordosten (Cerovlje). Direkt nach der Bahnüberführung und nach dem Ortsschild führt links eine Schotterstraße zum See.

POREČ

KARTE IM HINTEREN UMSCHLAG
(136 A1) (*M E5*) **Eine Altstadt wie mit dem Lineal gezeichnet** – das auf ei-

Schaurig-schön: das 7 m lange Fresko des „Totentanzes" in der Friedhofskapelle von Beram

KROATISCH-ISTRIEN

ner Halbinsel angelegte alte Poreč lässt mit seinen parallel verlaufenden und sich rechtwinklig kreuzenden Straßen noch den römischen Grundriss des antiken *Parentium* erkennen. Die Porečer verstehen es, ihrem antiken Erbe mit Läden, Eisdielen und Restaurants quirliges Leben einzuhauchen.

Eins der größten Feriengebiete Istriens und eine ganz normale, lebhafte Hafenstadt – Poreč (18 000 Ew.) besitzt viele Facetten. Dass es auch in byzantinischer Zeit eine wichtige Rolle spielte, belegt der von der Unesco ins Welterbe aufgenommene Komplex um die Euphrasius-Basilika.

SEHENSWERTES

DECUMANUS/TRG MARAFOR

Decumanus wie in römischer Zeit heißt die durch die Altstadt verlaufende Hauptgasse noch heute. Gesäumt von Geschäften und Restaurants, führt sie auf den *Trg Marafor,* das ehemalige Forum, zu. Entlang der Straße sind zahlreiche Palazzi aus dem 16./17. Jh. erhalten, darunter der barocke *Sinčić-Palast (Decumanus 9),* in dem das seit Jahren geschlossene Stadtmuseum residiert. Achten Sie auf das *Gotische Haus (gotička kuča,* 15. Jh.) links mit schönen venezianischen Fenstern und *das Romanische Haus (romanička kuča)* im *Park Matje Gupca,* an dem eine Außentreppe in die erste Etage mit umlaufendem Holzbalkon führt (13. Jh.). Vom Forum sind noch *Fundamente des Neptun- und des Jupitertempels* zu sehen. Wie in römischer Zeit ist der Platz auch heute ein lebhafter Mittelpunkt voller Restaurants und Cafés.

EUPHRASIUS-BASILIKA ⭐

Die Basilika betreten Sie vom säulengeschmückten Atrium aus, an dem sich auch das Baptisterium (6. Jh.), der Glockenturm, der Bischofspalast und das Mosaikenmuseum befinden. Die dreischiffige Basilika ließ Bischof Euphrasius Mitte des 6. Jhs. erbauen und sie mit einem fantastischen, goldglänzenden Apsidenmosaik schmücken, das Christus als Weltenherrscher zeigt. Ein Band von Apostelporträts rahmt diese Darstellung ein. Der ebenfalls mit Mosaiken geschmückte Baldachin über dem Altar wurde im 13. Jh. hinzugefügt. Einen interessanten Einblick in das frühchristliche Poreč bietet das *Mosaikenmuseum* mit Fundamenten und Mosaiken einer älteren Basilika (Anfang 4. Jh.). Von der Spitze des 🌿 Glockenturms eröffnet sich ein herrlicher Blick über die Altstadt zum Meer und zu den Poreč vorgelagerten Inseln. *April–Okt. tgl. 9.30–17, Juli/Aug. 9–18 Uhr | Eintritt 30 Kuna*

LAPIDARIUM

Von der parallel zum Decumanus verlaufenden Gasse Ul. Sv. Maura gelangen Sie in den Innenhof des Sinčić-Palasts mit sehenswerten Ausstellungsstücken des geschlossenen Stadtmuseums, so Grabsteinen, steinernen Friesen mit Wappen und römischen Artefakten. Stühle und Tische des gleichnamigen Cafés (s. „Am Abend") laden zur Rast. *Eintritt frei | Sv. Maura 10*

ESSEN & TRINKEN

INSIDER TIPP ▶ ICE BOX

Wo gibt's das beste Eis von Poreč? Natürlich an diesem eisblauen Kiosk an der Uferpromenade! *Nur im Sommer | Obala Ante Conje 1*

KONOBA ĆAKULA

Die freundliche *konoba* präsentiert feine istrische Küche wie den Fischeintopf *brodet* oder Steak mit Waldpilzen. *Vladimira Nazora 7 | Tel. 052 42 77 01 | www.konoba cakula.com | €€€*

POREČ

MAURO

Das Hotelrestaurant besticht durch eine schöne Lage an der Uferpromenade und geradlinige, schnörkellose Fischküche mit einigen Crossover-Ausflügen. *Obala M. Tita 15 | Tel. 052 21 95 00 | www.hotel mauro.com | €€–€€€*

NIKI

In dem sympathischen, preiswerten Altstadtlokal gibt es neben istrischer Küche auch gute Pizza. *Cardo 9 | Tel. 052 43 53 21 | bistro-niki.150m.com | €–€€*

EINKAUFEN

ARS NATURA

Geschmackvolle Souvenirs und Delikatessen aus Istrien. *Cardo Maximus 4*

CARDO

Dean Jovičević stellt hübsche Mosaiken nach antiken Vorbildern her. *Decumanus 9*

FREIZEIT & STRÄNDE

Die schönsten Strände befinden sich auf der vorgelagerten *Insel Sv. Nikola;* dort haben Sie die Wahl zwischen dem *Olivia Beach* des Inselhotels *(Liegen und Schirme gegen Gebühr)* und den wilden Felsstränden *(Shuttleboot von Poreč-Hafen | 15 Kuna)* zur offenen See. Auch die viel besuchte *Zelena Laguna* südlich von Poreč ist gesäumt von hübschen Fels-Kies-Stränden.

FAHRRADFAHREN

Die buchtenreiche Küste um Poreč lädt zu kurzen oder längeren Fahrradausflügen. Räder vermietet u. a. *Fiore tours (20 Kuna/Std. | M. Vlašića 6 | Tel. 052 43 13 97)*. Eine bei der Tourist-Info kostenlos erhältliche Karte beschreibt empfehlenswerte Touren.

TAUCHEN

Tauchen lernen Sie im *Diving Center Poreč (Brulo | Tel. 052 43 36 06),* wo auch Schnuppertauchen und geführte Schnorchelausflüge angeboten werden.

AM ABEND

BYBLOS

Großdisko mit Gast-DJs und Programm von Techno bis Trance. *Nur im Sommer | Zelena Laguna 1 | www.byblos.hr*

LAPIDARIUM ●

Das alteingesessene Jazzlokal besitzt einen konkurrenzlos tollen Innenhof – den des Stadtmuseums! Wenn hier Livebands auftreten, ist die Atmosphäre perfekt! *Sv. Maura 10 | www.jazzinlap.com*

SAINT & SINNER

In diesem Club lümmelt man tagsüber in Korbsesseln mit Blick aufs Meer und tanzt nachts bis in den frühen Morgen. *Obala M. Tita 12 | www.saint-sinner.net*

ÜBERNACHTEN

LAGUNA PARENTIUM

Das 2012 renovierte Hotel liegt sehr schön auf einer bewaldeten Halbinsel mit Kiesstränden südlich von Poreč. *268 Zi. | Zelena Laguna | Tel. 052 411 5 00 | laguna porec.com | €€–€€€*

INSIDER TIPP ▶ MAURO

Das angenehme Haus liegt direkt an der Uferpromenade. Die Zimmer sind geschmackvoll modern gestaltet, der Service funktioniert aufmerksam und perfekt. *21 Zi. | Obala M. Tita 15 | Tel. 052 21 95 00 | www.hotelmauro.com | €€*

VALAMAR RIVIERA ☺

Das elegante Hotel am Hafen wurde für sein nachhaltiges Wirtschaften mit dem

KROATISCH-ISTRIEN

Das Hafenstädtchen Vrsar lockt viele Besucher an – auch Giacomo Casanova war schon hier

kroatischen Umweltlabel ausgezeichnet. *105 Zi. | Obala M. Tita 15 | Tel. 052 46 51 00 | www.valamar.com | €€€*

AUSKUNFT

TOURISMUSVERBAND POREČ
Zagrebačka 9 | Tel. 052 45 14 58 | www.to-porec.com

ZIELE IN DER UMGEBUNG

LIM-FJORD (LIMSKI ZALJEV)
(136 A–B2) (*E6*)
Kulinarisches Kontrastprogramm finden Liebhaber von Muscheln und Austern am Lim-Fjord, 19 km südöstlich. 9 km erstreckt sich der schmale Meeresarm landeinwärts, gerahmt von steilen, bis 100 m hohen Hängen. Da der Fjord unter Naturschutz steht, darf in den glasklaren Wassern nicht gebadet werden. Dieses Wasser ist verantwortlich für die hohe Qualität von Muscheln und Austern, die auf Zuchtbänken gezogen werden, um auf den Tellern eines der zwei am Fjord angesiedelten Restaurants, *Lim Fjord* und *Viking (beide €€)*, zu landen. Eine Rundfahrt mit einem der Ausflugsboote *(ca. 200 Kuna/Person)* bis zum offenen Meer und zurück beschließt den kulinarischen Ausflug.

VRSAR & FUNTANA (136 A2) (*E6*)
Die beiden Hafenstädchen 7 bzw. 10 km südlich stehen ganz im Zeichen des Badetourismus. Die wenigen historischen Spuren, so die schlichte romanische Kirche *Sv. Marija od Mora* in Vrsar, gehen in der Flut von Andenkenständen und Spanferkelbratereien fast unter. Reizvoll sind hier die Strände, so *Valkanela* vor dem gleichnamigen Campingplatz, eine weite Kiesbucht. Der Strand auf der Landzunge *Montraker* ist nicht nur wegen des Blicks auf die Altstadtsilhouette von Vrsar beliebt, sondern auch wegen der hier stattfindenden Beach Partys. Fürs leibliche Wohl sorgt die *Beach Bar Orlandin (Montraker | Tel. 091 144 14 09 | €)* mit Hamburgern und Steaks.

54 | 55

PULA

PULA

KARTE IM HINTEREN UMSCHLAG
(136 C5) *(∅ F8)* **Das an der Südspitze Istriens gelegene Pula bietet urbanes Kontrastprogramm mit Geschäften, Restaurants, Cafés und interessanten Museen. Glanzstück ist das römische Amphitheater, dessen steinernes Oval schon von Weitem sichtbar die Altstadt überragt.**

Als Kriegshafen kam Pula (57 000 Ew.) unter der K.-u.-k-Monarchie im 19. Jh. eine große strategische Bedeutung zu – heute verfallen die ehemals 28 Festungen, die die Stadt damals sicherten, oder sie werden zweckentfremdet, etwa als Aquarium, genutzt.

> **WOHIN ZUERST?**
> **Trg Republike:** In Pula herrscht meist dichter Verkehr. Lassen Sie Ihr Fahrzeug daher besser stehen und gehen Sie zu Fuß in die verkehrsberuhigte Innenstadt! Parken können Sie in Pula entlang der Uferpromenade Riva. Der *Trg Republike* eignet sich als Ausgangspunkt für einen Rundgang durch die Altstadt und zum Archäologischen Museum. Das Amphitheater liegt etwas abseits, ist von dort aber gut zu Fuß erreichbar.

SEHENSWERTES

ALTSTADT

Pulas historisches Zentrum ist auf einem Landvorsprung am Fuß eines Hügels malerisch gelegen. Die Straßen *Kandlerova* und *Sergijevaca Ulica* führen in einem Bogen um den Hügel herum und passieren dabei die *Renaissancekathedrale* sowie das heute *Trg Republike* genannte Forum. Römische Spuren wurden auch zwischen den teils in venezianischer Gotik erbauten Häusern entdeckt, so die Fundamente eines Hauses aus dem 1. Jh. in der *Sergijevaca Ulica*, die als *Agrippinas Haus, Agripinina Kuća*, bezeichnet werden. Etwa zwei Meter unter heutigem Bodenniveau verbirgt sich einige Schritte weiter ein sehenswertes *Römisches Mosaik (mozaik)* neben der Kapelle *Sv. Maria Formosa*. Die Sergijevaca endet am mächtigen *Triumphbogen der Sergier* (1. Jh.), dessen Schauseite mit feinen Steinmetzarbeiten geschmückt ist.

Kurz vor dem Bogen links wartet der Ire James Joyce als **INSIDER TIPP** moderne, am Cafétisch sitzende Skulptur auf seinen Espresso – der Schriftsteller hat 1904/05 in Pula gelebt.

AMPHITHEATER (AMFITEATAR) ★

Von 177 v. Chr. bis ins 5. Jh. stand Pula unter römischer Herrschaft. Unter Kaiser Augustus erhielt es eins der größten Am-

KROATISCH-ISTRIEN

phitheater des Römischen Reichs. Das monumentale Oval bot bis zu 23 000 Zuschauern Platz und hatte eine über 30 m hohe, in drei Etagen gegliederte Fassade, die teils noch im Original erhalten ist. Einige der unterirdischen Räume, in denen früher die Gladiatoren und die wilden Tiere vor ihrem Auftritt in der Arena warten mussten, sind als Museum gestaltet. Darin werden Oliven- und Weinanbau in römischer Zeit erläutert. *Nov.–März tgl. 9–17, Okt. 9–19, April 8–20, Mai, Juni, Sept. bis 21, Juli/Aug. bis 24 Uhr | Eintritt 40 Kuna | Scalierova Ul. 30*

ARCHÄOLOGISCHES MUSEUM ISTRIENS
(ARHEOLOŠKI MUZEJ ISTRE)

Die Ausstellung enthält faszinierende Exponate wie prähistorische Funde von der Insel Brijuni, fein gearbeitete römische Bodenmosaike und römische Grabstelen. *Okt.–April Mo–Fr 9–14, sonst 9–20, Sa/So 9–15 Uhr | Eintritt 20 Kuna | Carrarina Ul. 3 | www.ami-pula.hr*

AUGUSTUSTEMPEL
(AUGUSTOV HRAM)

Von den Tempeln des römischen Forums ist der im 1. Jh. erbaute mit seinen sechs schlanken korinthischen Säulen erhalten. Innen können Sie eine Ausstellung römischer Marmor- und Bronzestatuen besichtigen. *Mo–Fr 9–20, Sa/So 10–15 Uhr | Eintritt 10 Kuna | Trg Republike*

FRANZISKANERKLOSTER
(SAMSOSTAN SV. FRANJE)

Die 1314 gebaute, romanisch-gotische Klosterkirche schmückt sich mit einem meisterhaften Flügelaltar. Der angrenzende, romanische Kreuzgang umschließt ein idyllisches, mit Palmen bepflanztes Gärtchen. *Tgl. 10–17 Uhr | Eintritt frei | Uspon Sv. Franje 5*

ESSEN & TRINKEN

FARABUTO

Das Restaurant überzeugt mit sehr persönlichem Service und schmackhaften,

In Pulas Amphitheater: Wein und Olivenöl statt Blut und Schweiß

PULA

frischen Speisen. *So geschl. | Sisplac 15 | Tel. 052 38 60 74 |* €€

KONOBA BATELINA
Ein Paradies für die Freunde bosnisch-serbischer Grillküche, angeblich gibt es hier die besten Čevapčiči der Stadt! *Arsenalska 7 | Tel. 052 22 32 88 | bistroodisej. wix.com/bistro-odisej |* €

KUNSTCAFÉ CVAJNER
Eingerichtet mit Sperrmüllmöbeln, Kunst an den Wänden, Lebenskünstler unter den Gästen – das Cvajner ist ein Erlebnis und abends ein beliebter Treff! *Forum 2 | Tel. 052 21 65 02 | www.cvajner.com |* €

MILAN
Das elegante Restaurant ist der Klassiker unter den istrischen Feinschmeckertempeln. Seit über 30 Jahren wird hier feine Fischküche zelebriert. *Stoja 4 | Tel. 052 30 20 00 | www.milan1967.hr |* €€€

EINKAUFEN

INSIDER TIPP MARKT (TRŽNICA) ☺
Die Markthalle von 1903 ist fast schon eine Sehenswürdigkeit für sich. Innen und außen findet wochentags am Vormittag ein lebhafter Grün- und Fischmarkt statt, zu dem die lokalen Fischer ihren Tagesfang anliefern. *Mo–Sa-Vormittag | Narodni Trg*

RIFF
Handgearbeitete Lederwaren von hoher Qualität und schlichter Eleganz. *Sergijevaca 34*

AM ABEND

JAZZ BAR FIORIN
Zu Jam Sessions und Konzerten geht es in der mit zahllosen Jazzbildern dekorierten Bar richtig hoch her. *Prvomajska 24*

PIETAS JULIA
Angesagte Disko mit Bar und Pizzeria. Hier trifft sich die Jugend zu diversen Themenpartys bei Musik von Pop bis Elektro. *Riva 20 | www.pietasjulia.com*

ÜBERNACHTEN

AMFITEATAR
Das moderne Haus liegt am Meer und nur ein paar Schritte vom Amphitheater entfernt. Die hell möblierten Zimmer haben kostenloses Internet. *18 Zi. | Amfiteatarska 6 | Tel. 052 37 56 00 | www. hotelamfiteatar.com |* €€

VELANERA
8 km südöstlich von Pula empfangen Sie supermoderne, schicke Zimmer und eine exzellente Feinschmeckerküche in ruhigem, ländlichem Ambiente. *13 Zi. | Franja Mošnje 3b | Šišan bei Ližnjan | Tel. 052 30 06 21 | www.velanera.hr |* €€€

AUSKUNFT

TOURISMUSVERBAND PULA
Forum 3 | Tel. 052 219197 | www. pulainfo.hr

ZIELE IN DER UMGEBUNG

BRIJUNI-ARCHIPEL
(136 B4) *(Ø F 8)*
Die aus 14 Eilanden bestehende Inselgruppe war bereits in römischer Zeit besiedelt. Von 1954 bis 1979 diente *Veli Brijuni* als Sommerresidenz des jugoslawischen Präsidenten Josip Broz Tito. 1983 wurde das Archipel schließlich wegen der seltenen Flora auf den Inseln, vor allem aber wegen der vielfältigen Unterwasserwelt zum Nationalpark erklärt.
Besucher können Veli Brijuni im Rahmen geführter, in Fažana startender Exkursionen besichtigen. Bei der rund vier

KROATISCH-ISTRIEN

stündigen Tour sehen sie eine römische *villa rustica*, im Sandstein versteinerte Dinosaurierspuren, eine frühchristliche Kirche, ein Tito-Museum und den Safaripark. *Preis je nach Saison ab 150 Kuna | Brionska 10 | Tel. 052 52 58 88 | Fahrplan unter www.brijuni.hr*

FAŽANA (136 B4) (*F8*)
Das 9 km nördlich gelegene Städtchen ist Hafen der Ausflugsschiffe nach Brijuni und in den Sommermonaten deshalb häufig von Reisegruppen belagert. In der INSIDERTIPP Vor- und Nachsaison hingegen laden die um Hafen und die Kirche St. Kosmas und Damian gruppierte Altstadt und die schöne Strandpromenade zu geruhsamen Ferien ein. Mit dem Fahrrad können Sie die buchtenreiche Küste und die weit ins Hinterland reichenden Olivenhaine erkunden. Als Unterkunft empfiehlt sich die zauberhafte *Villetta Phasiana (18 Zi. | Trg Sv. Kuzme i Damjana 1 | Tel. 052 52 05 58 | www.villetta-phasiana.hr | €€)*. Gemütlich sitzt man in der *Konoba Feral (Trg Stare Škole 1 | Tel. 052 52 00 40 | €)* auf rustikalen Holzbänken mit Blick auf Kirche und Hafen. Zu istrischem Wein schmecken Wildgerichte ebenso gut wie fangfrischer Fisch.

MEDULIN & HALBINSEL KAMENJAK ● (136 C5–6) (*G8–9*)
Die ehemaligen Dörfer Medulin, Premantura und Banjole an der buchtenreichen Felsküste der Südspitze Istriens sind zu einem großen Feriengebiet mit Campingplätzen und Hotelanlagen zusammengewachsen. Premantura wird dank seiner idealen Windverhältnisse vor allem von Windsurfern geschätzt. Die meisten Hotels wie das komfortable *Park Plaza Medulin (190 Zi. | Tel. 052 57 26 01 | €€€)* und Camps wie *Runke (247 Stellplätze | Tel. 052 57 50 22 | €)* gehören zum Unternehmen *Arenaturist (www.arenaturist.com)* und können dort zentral gebucht werden. Windsurfkurse und –ausrüstung bietet das *Windsurfcenter Premantura (Camping Stupice | Tel. 091 5 12 36 46 | www.windsurfing.hr)* an. Hier können Sie auch Fahrräder *(30 Kuna/Std.)* oder Kajaks *(40 Kuna/Std.)* leihen, um die Halbinsel Kamenjak *(25 Kuna Maut/Auto)*

Die Brijuni-Inseln mit Ruinen und einer fantastischen Natur sind ein beliebtes Ausflugsziel

RABAC & LABIN

Weitblick vom Bergdorf Labin – bei gutem Wetter scheint die Insel Cres zum Greifen nah

zu erkunden. Die 14 km² große, schmale Landzunge steht unter Naturschutz, weil hier u. a. seltene Orchideen wachsen. Die *Safari Bar* an ihrer Südspitze gilt mit ihrer originellen Einrichtung aus selbst gebauten bzw. Sperrmüllmöbeln als beliebter Treff zum Sonnenuntergang.

VODNJAN (136 C4) (*F7*)

Hätte Vodnjan (ca. 5000 Ew.), 12 km nördlich von Pula, nicht seine mumifizierten Heiligen – es wäre nur ein weiteres der vielen landeinwärts liegenden istrischen Städtchen, die sich um ihre Hauptkirche, in diesem Fall *Sv. Blaž*, scharen. In der *Schatzkammer (im Sommer tgl. 10–19 Uhr, Winter nach Anmeldung unter Tel. 052 511 4 20 | Eintritt 50 Kuna)* werden Kostbarkeiten der Kirchenkunst und 380 Reliquien aufbewahrt. Hauptsehenswürdigkeit aber sind die *Leichname dreier mumifizierter Heiliger* aus dem 12., 14. und 15. Jh., Ziel vieler frommer Wallfahrer.

RABAC & LABIN

(137 D–E2) (*H6*) Größer können die Kontraste nicht sein: Oben auf dem Berg in 320 m Höhe das historische Labin mit seinem mittelalterlichen Stadtkern, unten an der von tiefen Fjorden zergliederten Küste der von Hotels, Camps und Apartmentanlagen eingerahmte, moderne Ferienort Rabac. Die hohen, schützenden Berghänge bescheren ihm ein besonders mildes Klima.

Unterschiedlich waren auch Geschichte und Entwicklung der beiden Orte: Labin war eine Bergbaustadt, deren Arbeiterschaft wegen der unerträglichen Verhältnisse im Bergwerk 1921 einen Aufstand wagte und die „Labiner Republik" ausrief. Die damalige italienische Staatsmacht schlug ihn nach 36 Tagen blutig nieder. Das kleine Fischerdorf Ra-

KROATISCH-ISTRIEN

bac hingegen erlebte Ende des 19. Jhs. seine Entdeckung durch den Tourismus, der es gründlich veränderte.

SEHENSWERTES

ALTSTADT VON LABIN

Ein repräsentatives Entrée zur Altstadt bildet der Hauptplatz *Titov Trg* mit der *Renaissanceloggia* und dem vom Markuslöwen gekrönten *Stadttor Sv. Flor.* Dahinter führen steil ansteigende Straßen durch die Altstadt mit vielen in kräftigen Farben getünchten Häusern. Unübersehbar ist der rostrote *Palazzo Battiala-Lazzarini* (1717), in dem heute das *Stadtmuseum (im Sommer Mo–Fr 10–13, 17–19, Sa 10–13, im Winter Mo–Fr 7–15 Uhr | Eintritt 15 Kuna | Ul. 1. Svibnja 6)* die Geschichte der Stadt und des Bergbaus dokumentiert. Einen schönen Fernblick über bestelltes Land bis zum Meer (und manchmal sogar zur Insel Cres) genießen Sie von der Promenade ☀️ *Šetalište Sv. Marka* gleich rechts vom Stadttor.

ESSEN & TRINKEN

LINO

Feine Fischgerichte, freundlicher Service und der Blick von der ☀️ Terrasse über den kleinen Hafen von Rabac. *Obala M. Tita 59 | Rabac | Tel. 052 87 26 29 | €€*

NOSTROMO

In diesem traditionsreichen Restaurant wird auf hohem Niveau gekocht und werden Raritäten wie *fuži* mit Sardellen und Stockfisch serviert. Es gibt auch sechs gemütliche Gästezimmer. *So geschl. | Obala M. Tita 7 | Rabac | Tel. 052 87 26 01 | www.nostromo.hr | €€–€€€*

VELO KAFE

Das Lokal ist nicht so sehr wegen der besonderen Qualität des Essens als vielmehr wegen der geselligen Stimmung zu empfehlen. *Titov Trg 12 | Labin | Tel. 052 85 27 45 | €–€€*

FREIZEIT & STRÄNDE

Die Kies- und Felsbuchten um Rabac sind teils mit Beton und Leitern badefreundlich gestaltet. Zu den beliebten Stränden zählen *Girandella* und *Maslinica.*

TAUCHEN

Mit den Tauchlehrern von *Invicta* geht's zum Wracktauchen. Auch Schnuppertauchen und Kurse sind im Angebot. *Vinež 335 | Labin | Tel. 052 88 02 40 | www.diving croatia.com*

AM ABEND

Im Sommer ist der *Girandella Beach* Treffpunkt der Party feiernden jungen Menschen.

LOW BUDG€T

▶ Bei *Gušti & Boje (Decumanus/Ecke Eleuterija)* können Sie in Poreč richtig preiswert und lecker essen. Die gegrillten Minifischchen *girice* kosten mit Brot ganze 35 Kuna.

▶ *Fresh* – der Name ist Programm: Sandwiches und Salate werden frisch zubereitet und reißen keine tiefen Löcher in den Geldbeutel. *Anticova 5 | Pula | Tel. 091 7 22 77 12*

▶ Günstig übernachten in Pula: Das kunterbunt eingerichtete Hostel *Pipištrelo* liegt in der Nähe des Hafens und wird nett geführt. *7 Zi. | Flaciusova 6 | Tel. 052 39 35 68*

60 | 61

ROVINJ

ÜBERNACHTEN

INSIDER TIPP ▶ ADORAL HOTEL & APARTMENTS

Wer eine moderne, puristische Ausstattung schätzt, ist hier goldrichtig. Das Designhotel direkt an der Uferpromenade von Rabac ist ein ästhetischer Genuss! *11 Suiten u. Apts. | Obala M. Tita 2a | Rabac | Tel. 052 53 58 40 | www.adoral-hotel.com | €€€*

VALAMAR BELLEVUE

Die Anlage liegt ruhig im Pinienwald über dem Meer; fast alle 🌿 Zimmer haben unverstellten Blick auf die Bucht. Wer die Felsstrände scheut, kann im Meerwasserpool schwimmen. *174 Zi. | Rabac | Tel. 052 86 25 20 | www.valamar. com | €€–€€€*

VILLA ŠTEFANIJA

Die 15 km entfernte, in hellen Tönen eingerichtete Villa über der Raša-Bucht ist eine Unterkunft für Individualisten. Auch das Restaurant ist empfehlenswert. *6 Zi. | Puntera 8d | Barban | Tel. 052 56 70 75 | www.stefanija.com | €€*

AUSKUNFT

TOURISMUSVERBAND LABIN/RABAC

Titov Trg 2/1 | Labin | Tel. 052 85 23 99 | www.rabac-labin.com

ZIEL IN DER UMGEBUNG

STANCIJA KUMPARIČKA 🔄
(137 D4) (*W G7*)

Aleš Winkler züchtet in seinem Ökobetrieb Ziegen und stellt delikaten Käse her, den Besucher dort verkosten und kaufen können. Telefonische Anmeldung erbeten. *Krnica, 28 km südwestlich von Labin | Tel. 099 6 69 06 92 | www.kumparicka.com*

ROVINJ

🗺 KARTE IM HINTEREN UMSCHLAG
(136 A2–3) (*W E6*) ⭐ **Die Altstadt auf der tropfenförmigen Landzunge ist Istriens Fotomotiv schlechthin. In konzentrischen Kreisen umrunden die schmalen Gassen den Hügel mit der Kirche Sv. Eufemija, von deren Turmspitze die Bronzestatue der hl. Euphemia zuverlässig das Wetter vorhersagt. Schaut sie landeinwärts, wird es gut!**

Wie die anderen istrischen Hafenstädte war Rovinj (15 000 Ew.) vom 13. bis zum 18. Jh. Venedig untertan. Heute ist es eines der beliebtesten Badeziele an der istrischen Küste und ein Künstlerstädtchen mit zahllosen Galerien und Ateliers.

SEHENSWERTES

ALTSTADT

Der *Trg M. Tito* am alten Hafen bildet die Nahtstelle zwischen der Halbinsel und den neueren Vierteln. Das *barocke Rathaus* dient heute als *Städtisches Museum (Zavičajni muzej)* (im Sommer Di–Fr 9–14, 19–22, Sa, So 10–14, 19–22, im Winter Di–Sa 10–13 Uhr | Eintritt 15 Kuna | Obala M. Tita 11 | www.muzej-rovinj.com), in dem vor allem die wechselnden Ausstellungen zeitgenössischer Kunst sehenswert sind. Schräg gegenüber ziert der Markuslöwe den *venezianischen Uhrturm*, und ein Stück weiter führt der barocke *Balbi-Bogen* mit einem Löwenrelief dekoriert in die Altstadt.

Dahinter beginnt Rovinjs berühmteste Gasse, *Grisia*. Von Galerien und Läden gesäumt, klettert sie bergauf bis zur *Euphemia-Kirche*. Lassen Sie sich einfach treiben, werfen Sie einen Blick in Seitengassen und Hinterhöfe und entdecken Sie auch die stillen Winkel dieses bezaubernden Städtchens!

KROATISCH-ISTRIEN

INSIDER TIPP ALTSTADT-PANORAMA ● 🌿
Den besten Blick auf die Altstadt mit ihren bunten Häusern zu Füßen der Kirche haben Sie an der Stelle, an der die Uferpromenade *Obala Alda Negrija* am Platz *Trg Brodogradilišta* zum Hafenbecken abknickt.

ETHNOGRAFISCHES MUSEUM BATANA (EKO-KUĆA O BATANI) ● ◉
Das traditionelle Fischerboot *batana* steht im Mittelpunkt der sehenswerten Ausstellung; daneben werden auch andere Bereiche des traditionellen Lebens, so etwa der vielstimmige Chorgesang der Fischer, *bitinada*, erläutert. Das Museum bemüht sich um die Wiederbelebung des Brauchtums und wurde dafür mit mehreren Preisen für Nachhaltigkeit ausgezeichnet. *Im Sommer 10–15, 18–22, im Winter Di–So 10–13, 15–17 Uhr | Eintritt 10 Kuna | Obala P. Budićina 2 | www.batana.org*

SV. EUFEMIJA
Der Sarkophag der Märtyrerin Euphemia verschwand um 800 aus Konstantinopel und wurde in Rovinj an Land gespült. So kamen Stadt und Halbinsel Istrien zu ihrer Schutzpatronin – das Grab der hl. Euphemia im rechten Seitenschiff ist eine bedeutende Wallfahrtsstätte. Die Kirche wurde im 18. Jh. als größtes barockes Gotteshaus Istriens erbaut; der Venedigs Campanile nachempfundene, 63 m hohe 🌿 Glockenturm ist etwas älter und kann von Schwindelfreien auf einer halsbrecherischen Treppe bestiegen werden – Lohn der Mühe ist ein fantastischer Blick!

ESSEN & TRINKEN

BLU
In die Auswahl des Gault Millau hat das idyllisch am Meer gelegene Restaurant es bereits geschafft – als preiswert und schmackhaft. Entrées wie dreierlei Scampi aus der Kvarner-Bucht machen große Lust auf mehr. *Nov.–März geschl. | Val de Lesso 9 | Tel. 052 83 02 03 | blu.hr | €€*

DA SERGIO
In diesem Lokal kommt angeblich die beste Pizza Rovinjs in den Ofen. Dünn,

Altstadtbummel: in Rovinj ein besonderes Vergnügen

62 | 63

ROVINJ

kross, groß, lecker! *Grisia 11 | Tel. 052 816949 | €–€€*

EINKAUFEN

In den Ateliers, Galerien und Läden entlang der *Grisia-Gasse* wird jeder fündig, z. B. in der INSIDER TIPP *Grisia 37*, wo die Künstlerin Olga Vicel Motive im Stil naiver Kunst mit Seidenfaden auf Leinen stickt.

FREIZEIT & STRÄNDE

Am ● *Baluota Beach* unterhalb der Euphemia-Kirche klettert man von Felsen und Betonplattformen ins Meer – beliebt bei Einheimischen ist das INSIDER TIPP Nachtbaden (bei Beleuchtung). Kiesstrände finden sich auf den vorgelagerten Inseln *Sv. Katarina* und *Sv. Andrija (Boote ab Alter Hafen).* Mit dem Fahrrad sind die Kies- und Felsstrände an der bewaldeten Halbinsel *Zlatni Rt* südlich der Stadt bequem zu erreichen.

FREECLIMBING

An der Spitze der Halbinsel *Zlatni Rt* dient ein ehemaliger venezianischer Steinbruch als Kletterziel; die 20 m hohe, nahezu senkrechte Wand wurde mit 80 zumeist leichten Routen erschlossen.

AM ABEND

Im Klassiker ● *Valentino (ab 18 Uhr | Svetog Križa 28),* einer Bar mit Sitzpolstern auf den Uferfelsen, und der Konkurrenz *La Puntulina (ab 18 Uhr | Svetog Križa 38)* mit Tischen auf Felsplattformen und gutem Essen, begleiten Fackeln, Longdrinks und Loungemusik den schönsten Sonnenuntergang der Adria.

MONVI CENTER

Die Event-Arena lockt die Feierwütigen im Sommer mit Live-Unterhaltung; außerdem legen prominente Gast-DJs in mehreren Clubs auf. *Adamovića | www.monvicenter.com*

ÜBERNACHTEN

MONTE MULINI

Das moderne Haus über dem Yachthafen ist Rovinjs Topadresse, was Luxus und Komfort angeht. Das Hotelrestaurant *Wine Vault* gilt unter Gourmets als neuer kulinarischer Stern. *99 Zi. u. 14 Suiten | A. Smareglia | Tel. 052 52 63 60 00 | www.montemulinihotel.com | €€€*

VILA LILI

Die sympathische Pension in einem ruhigen Wohnviertel bietet freundlich eingerichtete Zimmer, Sauna, Bar und eine Bibliothek zum Schmökern. *20 Zi. | A. Mohorovičića 16 | Tel. 052 84 09 40 | www.hotel-vilalili.hr | €€*

VILLA TUTTOROTTO

Zentral im Herzen der Altstadt in einem Haus aus dem 17. Jh. mit Blick über den alten Hafen gelegen, zählt dieses stilvoll

KROATISCH-ISTRIEN

eingerichtete Haus zu den romantischsten Adressen. *7 Zi. | Dvor Massatto 4 | Tel. 052 815181 | www.villatuttorotto.com | €€–€€€*

AUSKUNFT

TOURISMUSVERBAND ROVINJ
Obala Pina Budičin 12 | Tel. 052 8115 66 | www.tzgrovinj.hr

ZIELE IN DER UMGEBUNG

BALE (136 B3) (*F7*)

Wie bedeutend diese heute eher abseits liegende Stadt (14 km von Rovinj entfernt) mit gerade noch 1300 Ew. früher einmal gewesen sein muss, dokumentiert eindrucksvoll der mächtige *Palazzo Bembo* in der Ortsmitte. Gotik und Renaissance prägen die mit einer Loggia und dem geflügelten Löwen Venedigs geschmückte Fassade des Palasts, dem mehrere Türme einen wehrhaften Eindruck verleihen. So ausgestorben Bale manchmal wirkt – *Mon Perin,* eine Initiative engagierter Bürger, kämpft um die Wiederbelebung des Orts. Sie hat Häuser renoviert und kulturelle Veranstaltungen initiiert. Übernachten können Sie im charmanten Hotel *La Grisa (22 Zi. | La Grisa 23 | Tel. 052 82 45 01 | www.la-grisa.com | €€).* Auf jeden Fall sollten Sie im Hotelrestaurant die feinen Gerichte vom **INSIDER TIPP** istrischen *boškarin*-Rind probieren!

DVIGRAD (136 B2) (*F6*)

Dicht mit Grün überwuchert sind Mauerruinen und Wehrturm von Dvigrad, ca. 20 km landeinwärts von Rovinj. Genua, Venedig und die vor den Osmanen von der südlichen Balkanhalbinsel geflohenen Uskoken hatten Dvigrad belagert und beherrscht, doch erst eine Pestepidemie vertrieb um 1630 die Menschen gänzlich. 1714 gab der letzte Bewohner auf und überließ die aus zwei Burgen *(dvigrad)* entstandene Siedlung der Natur. Von Efeu umrankt, wittern Häuser, Kirchen und Palazzi seither vor sich hin. Vorsicht beim Herumstreifen – es ist kaum etwas gesichert, und auch Schlangen schätzen den Ort!

Baden und Sonnen macht in Rovinj mindestens so viel Freude wie das Gassenbummeln

KÜSTE KVARNER-BUCHT

Mildes Klima, schattige Promenaden, mediterrane Pflanzenwelt und Badeorte, in denen früher Könige und Kaiser zur Kur weilten, locken rund ums Jahr Feriengäste an die vor kalten Winden geschützte Küste der Kvarner-Bucht.

Einen Hort der k.-u.-k.-seligen Nostalgie möchte man die Kvarner-Bucht nennen angesichts der vielen Reminiszenzen an die goldene Ära Ende des 19., Anfang des 20. Jhs., in der Adlige, Fürsten, Schriftsteller und Maler aus der Donaumonarchie nur ein Ziel kannten: den *Quarnerobusen* oder die *Littorale*. Mit dem Salonzug reiste man von Wien oder Budapest bis Rijeka, das damals Fiume hieß, weiter mit der Kutsche nach Abbazia (Opatija), Lauran (Lovran) oder Cirknenz (Crikvenica), wo luxuriöse Villen und Hotels die hohen Herrschaften empfingen. Viele dieser Häuser sind erhalten und verleihen renoviert und luxuriös ausgestattet dem Küstenstrich seine elegante Atmosphäre. Feinschmecker sollten unbedingt die berühmten Kvarner-Scampi und Edelkastanien aus Lovran verkosten. Badefreuden verspricht die Kvarner-Küste mit schroffen Felsklippen, intimen Buchten und flach auslaufenden Feinkiesstränden.

CRIKVENICA

(135 D4) *(Ⓜ L6)* **Die Stadt ist nach der Kirche,** *crikva,* **benannt, die hier einst stand, und profitiert von zwei Pluspunkten: Die Bergkette des Gorski Kotar schützt sie vor kalten Winden und**

Bild: Park der Villa Angiolina in Opatija

Wo Noblesse auf Nostalgie trifft: Hier kurte bereits vor 120 Jahren die feine Gesellschaft der Donaumonarchie

beschert ihr ganzjährig ein ausgeglichenes Klima. Und sie besitzt einen langen Kies-Sand-Strand, ein Traum für felsgewohnte Kroatienurlauber!

Unter Habsburger Herrschaft zog es v. a. den ungarischen Adel hier an die Adria. Den damals erbauten und heute glanzvoll restaurierten, neoklassizistischen Kurhotels und Villen verdanken Crikvenica (11 000 Ew.) und seine Nachbarorte Selce und Dramalj an dem „Riviera" genannten Küstenabschnitt ihr hübsches Ortsbild. Gegenüber erhebt sich die buchtenreiche Küstenlinie der Insel Krk – ein faszinierender Anblick vor allem bei Sonnenuntergang! Die sanft ins Meer abfallenden Strände werden von Familien geschätzt.

ESSEN & TRINKEN

BURIN
Seit Jahren gilt das Burin als beste Adresse in Crikvenica; Fisch- und Fleischgerichte sind von hoher Qualität und kreativ zubereitet. *Dr. Ivana Kostrenčića 10a | Tel. 051 78 52 09 | €€*

CRIKVENICA

Wahre Hochburg: Die imposante Festung Nehaj in Senj war einst das Zentrum der Uskoken

FOOD FACTORY
Der schicke Schnellimbiss bereichert das übliche Burger- und Pommesprogramm mit Salaten und leckeren Sandwiches. *Trg S. Radića 3 | Tel. 098 38 58 89 | €*

RIBICA
In dem familiär geführten Fischlokal südlich des Zentrums sollten Sie einen Tisch auf dem ☼ Balkon mit Blick aufs Meer ergattern. *Vladimira Nazora 29 | Tel. 051 24 14 88 | www.pension-ribica.com | €–€€*

FREIZEIT & STRÄNDE

Crikvenicas 1,5 km langer Stadtstrand *Gradsko Kupalište* besteht aus feinem Kies mit einigen sandigen Abschnitten. Im *Sportcenter Črno Molo (Tel. 091 2 85 18 59)* können Sie verschiedene Wassersportgeräte leihen oder eine Parasailing-Runde buchen. FKK-Badebuchten säumen die bewaldete Halbinsel *Kacjak* bei Dramalj, in das eine hübsche, 3 km lange Uferpromenade führt.

ADRENALINPARK
Gleichgewichtssinn und Geschicklichkeit trainieren Sie in dem Hochseilgarten, der mit Routen zwischen 1 und 8 m Höhe für jeden Herausforderungen bereithält. *Sa/So 9–19 Uhr | Eintritt zwischen 80 und 130 Kuna | Klanfari 7 | Tel. 098 25 97 55 | www.adrenalinpark.eu*

AM ABEND

Entlang der Strandpromenade reihen sich Cafés, Bars und Kneipen aneinander.

SABBIA
Das Restaurant, Bar und Lounge ist abends Treffpunkt der Nachtschwärmer. Die Bar hat am Wochenende bis 3 Uhr geöffnet. *Strossmayerovo Šetalište 50b | www.sabbia.hr*

ÜBERNACHTEN

FALKENSTEINER HOTEL THERAPIA
Sie logieren in einem ehemaligen K.-u.-k.- Grandhotel, das heute mit modernem

KÜSTE KVARNER-BUCHT

Interieur, höchstem Komfort und einem entspannten Wellnesscenter an seinen früheren Ruf anknüpft. *109 Zi. | Ul. Braće Buchoffer 12 | Tel. 051 20 97 00 | www.falkensteiner.com | €€€*

VALI

Das kleine Mittelklassehotel liegt ruhig und abseits des Rummels über einem teils aus Kies, teils aus Plattformen bestehenden Strandabschnitt. Angenehm sind die ⁂ Zimmer mit Blick aufs Meer. *21 Zi. | Gajevo Šetalište 35 | Dramalj | Tel. 051 78 81 10 | www.hotelvali.hr | €€*

AUSKUNFT

TOURISMUSVERBAND CRIKVENICA
Trg Stjepana Radića 1c | Tel. 051 24 10 51 | www.rivieracrikvenica.com

ZIELE IN DER UMGEBUNG

NOVI VINODOLSKI (135 D5) (*M6*)
Für die Kroaten hat das Städtchen (5300 Ew.) 10 km südöstlich eine besondere historische Bedeutung: Die im Mittelalter herrschende, kroatische Adelsfamilie der Frankopanen erließ hier 1288 das *Vinodoler Statut,* das die Rechtsverhältnisse zwischen Feudalfürsten und ihren Untertanen regelte und zu den ältesten Dokumenten dieser Art in Europa zählt. Historische Zeugen wie der quadratische Steinturm des ehemaligen Kastells erinnern an diese Epoche. Das darin eingerichtete *Stadtmuseum (Winter Mo–Fr 9–12, Sommer tgl. 9–12, Mo–Sa auch 19–21 Uhr | 12 Kuna | Trg Vinodolskog Zakona 1)* erzählt die Geschichte des Fürstentums. Im fruchtbaren Tal von Vinodol erwartet ein deutsch-kroatisches Paar Übernachtungsgäste mit dem zauberhaften ☺ INSIDER TIPP *Hotel Balatura (10 Zi. | Mali Sušik 2 | Tribalj | Tel. 051 45 53 40 | www.hotel-balatura.hr | €€).* Liebevoll

mit altem Mobiliar eingerichtete Räume sowie ein interessantes Kulturprogramm mit Lesungen bekannter Autoren vermitteln Kultur und Literatur der Balkanhalbinsel und damit nachhaltig zwischen Gastgebern und Gästen.

SENJ (135 E6) (*M–N7*)
Die Hafenstadt (8000 Ew.), 32 km südöstlich, ist geprägt von den Uskoken und deren imposanter ⁂ *Festung Nehaj*, die 1558 gebaut wurde. Fantastisch ist der Blick auf die von der Bora abgeschliffenen Flanken der Insel Krk gegenüber! Im Inneren ist eine *Ausstellung zur Geschichte der Uskoken (tgl. Juli/Aug. 10–21, Mai, Juni, Sept., Okt. 10–18 Uhr | 15 Kuna)* zu sehen. Vor allem Fisch prägt die Speisekarte der urgemütlichen *Konoba Lavlji Dvor (P. Preradovića 2 | Tel. 053 88 17 38 | www.lavlji-dvor.hr | €€).*

MARCO POLO HIGHLIGHTS

★ **Opatija**
Hotels in Pastellfarben, üppige Parks und eine romantische Uferpromenade prägen das Heilbad → S. 73

★ **Volosko**
Kulinarische Höhenflüge von traditionell bis ambitioniert-kreativ an einem idyllischen Hafen → S. 74

★ **Trsat**
Rijekas Kneipenviertel rund um eine wehrhafte Burganlage → S. 78

★ **Risnjak-Nationalpark**
Wandern zu Karstgipfeln und Quellen, nur einen Katzensprung vom Meer entfernt → S. 79

LOVRAN

LOVRAN

(134 A3) (*J5*) **Ein dichtes Schattendach von Kastanien beschirmt die berühmte Uferpromenade von Lovran (Lungomare); Gründerzeitvillen blitzen zwischen Lorbeer und Palmen hervor, die Adriawellen brechen an schmalen Felsbuchten – wie im benachbarten Opatija hat der Edeltourismus der Habsburger Ära den idyllischen Badeort geprägt.**

attraktion des lebhaften Städtchens (4000 Ew.).

SEHENSWERTES

ALTSTADT

Gegenüber dem Hafen führt das *Stubica-Tor* durch die hier noch erhaltene Stadtmauer. Schmale Gassen mäandern um den Hauptplatz *Trg Sv. Juraj* mit der dem heiligen Georg geweihten, gotischen *Kirche Sv. Juraj*, die im Barock umgestaltet

Ein Hotspot des K.-u.-k-Jetsets: Der Habsburger Edeltourismus prägte auch Lovran

Ende des 19., Anfang des 20. Jhs. reiste man zahlreich aus Wien und Budapest an, um das milde Klima zu genießen. In den heute so wunderbar restaurierten Villen wie der *Magnolia* oder der *Astra* verbrachten Adlige, Maler, Musiker und Schriftsteller die Wintermonate. Bis zu seiner „Entdeckung" war Lovran, dessen Name sich auf den hier üppig wuchernden Lorbeer bezieht, eine kleine, befestigte Siedlung oberhalb des heutigen Hafens. Dieser mittelalterliche Kern ist neben den Villen des Historismus Haupt-

wurde. Cafés und Restaurants verleihen der hübschen *piazza* ein lebhaftes Gepräge. Vom Tympanon eines Hauses gegenüber der Kirche schaut das *Halbrelief des Mustacón*, eines mit Turban und Schnurrbart bewehrten, grimmig guckenden Dunkelhäutigen, auf das Treiben – er soll das Haus vor Bösem schützen. Nebenan ist ein christlicher Schutzheiliger in Aktion: St. Georg ringt am ehemaligen Rathaus den Drachen nieder. Erhalten ist auch ein *gotischer Wehrturm,* der heute als Ausstellungsraum für Kunstevents dient.

KÜSTE KVARNER-BUCHT

VILLEN ●

Werfen Sie einen Blick auf den Annex des Hotels *Bristol!* Diese ehemalige, 1873 erbaute *Villa Fernandea* war Vorreiter des Kurtourismus in Lovran. Die **INSIDER TIPP** schönsten Beispiele der Architektur um die Wende vom 19. zum 20. Jh. sind entlang der *Uferpromenade* versammelt und auch von der parallel verlaufenden *Ulica Viktora Cara Emina* einsehbar. *Nummer 7* beispielsweise, die mit Mosaiken und venezianischen Bögen geschmückte *Villa Santa Maria*, wurde 1905 von dem Wiener Architekten Karl Seidl erbaut. *Villa Frappart* gleich nebenan errichtete er ab 1896. Die gelbe *Villa Magnolia* setzte der Architekt 1906 ganz nahe an die Uferpromenade, während sich die 1905 durch den Italiener Attilio Maguolo entworfene *Villa Astra* dezent in ihrem üppigen Park verbirgt.

ESSEN & TRINKEN

BELLAVISTA

Das winzige Bistro residiert auf der Stadtmauer; von der ❄ Terrasse eröffnet sich ein netter Blick über Hafen und Meer; die Küche ist einfach, die Weine sind süffig. *Stari Grad 22 | Tel. 051 29 21 23 | €*

KNEZGRAD

Das Restaurant liegt etwas versteckt am Rand der Altstadt und hat eine blumenumstandene, schattige Terrasse. Das Essen, darunter sehr leckeres Wildgulasch mit *njoki,* ist gut und preiswert! *Trg Slobode 12 | Tel. 051 29 18 38 | €–€€*

KVARNER

Das Restaurant hat eine konkurrenzlos tolle Lage direkt über dem alten Hafen; die Küche ist traditionell und bodenständig mit viel Fisch und Meeresfrüchten. *Šetalište M. Tita 65 | Tel 051 29 11 18 | www.restoran-kvarner-lovran.hr | €€*

EINKAUFEN

Auf dem kleinen Bauernmarkt *tržnica* im Ortszentrum werden Obst und Gemüse, Honig, Schnaps und eingelegte Pilze verkauft.

FREIZEIT & STRÄNDE

Neben den Felsbuchten entlang des *Lungomare* besitzt Lovran mit dem *Kiesstrand Peharovo* im Westen auch eine kinderfreundliche Bademöglichkeit.

AM ABEND

Lovran ist ein ruhiger Ort; Ausgehmöglichkeiten bestehen in *Opatija* und in *Mošćenička Draga.* Auf ein Glas Wein, etwas Käse und *pršut* können Sie in der gemütlichen *Wine Bar Loza (Stari Grad 5)* einkehren.

ÜBERNACHTEN

BRISTOL

Ein wunderschönes, altes Haus über dem Lungomare. Reservieren Sie eines der ❄ **INSIDER TIPP** 25 jüngst neu ausgestatteten Zimmer mit Balkon und Meerblick; einige haben ein romantisches Himmelbett! *100 Zi. | Šetalište M. Tita 27 | Tel. 051 29 10 22 | www.liburnia.hr | €€*

VILLA ASTRA ☺

Ein kroatischer Geschäftsmann hat diese K.-u.-k.-Villa in ein wahres Schmuckstück mit elegant eingerichteten Zimmern, einem himmlischen Wellnessbereich und einem exzellenten Restaurant (auf Vorbestellung!) umgebaut und sich dabei selbst um 180 Grad gewandelt. Umweltschutz, Nachhaltigkeit, Ayurveda und Gelassenheit stehen nun für den ehemaligen Manager und für das Haus an erster Stelle. *6 Zi. | Ul. Viktora Cara Emina*

LOVRAN

11 | Tel. 051 29 44 00 | www.lovranske-vile.
com | €€€

AUSKUNFT

TOURISTENINFORMATION
Trg Slobode 1 | Tel. 051 29 17 40 | www.
tz-lovran.hr

ZIELE IN DER UMGEBUNG

IČIĆI/IKA (134 A3) (*M J4*)
Die beiden Orte passieren Sie, wenn Sie
an der Uferpromenade (Lungomare) von
Lovran nach Opatija spazieren. Sie gehen
nahezu übergangslos ineinander über,
verfügen je über einen angenehmen
Kiesstrand und sind Ausgangspunkt für
Wanderungen und Mountainbike-Touren
im *Učka-Naturpark.* Ičići ist bei Bootsbe-

sitzern wegen seiner *ACI-Marina (300
Liegeplätze | Tel. 051 70 40 04 | www.aci-
club.hr)* beliebt, die hier auch gerne in
der **INSIDER TIPP** *Ribarnica Octopus (11–
14 Uhr | Primorska 17 | Tel. 051 29 30 99 |
€)* einkehren, einer Fischhandlung mit
einfachem Imbiss, in dem man gegrillte
Sardinen mit Brot und Salat bekommt.

MEDVEJA (134 A3) (*M J5*)
Zwei große Kiesbuchten sind Medvejas
Plus. Zum Örtchen 3 km südlich von Lovran gehört ein beliebter *Campingplatz
(124 Stellplätze, auch Bungalows u. Apts. |
Tel. 051 29 11 91 | www.liburnia.hr | €)* in
einem schattigen Pinienwald. Die *He-
mingway Bar* am Strand ist im Sommer
ein beliebter Treff der lokalen Jugend. To-
tal angesagt sind die *Doppel-Ruhebetten
(ca. 25 Euro/Tag),* deren Vorhänge man
rundherum schließen und sich am Strand
ganz privat fühlen kann.
Dem Rummel entkommen Sie bei ei-
nem Ausflug in die **INSIDER TIPP** *Konoba
Kali (Kali 39a | Tel. 051 29 32 68 | www.
konobakali.hr | €€),* mit dem Auto steil
den Berg hinauf. Ein rustikaler Gastraum,
eine schöne ✂ Panoramaterrasse und
Gerichte wie Oktopus aus der *peka* – was
will man mehr! Vielleicht noch die von
den Besitzern selbst eingelegten ⏱ Fei-
gen, Maronen oder Sauerkirschen mit-
nehmen, alles bio!

MOŠĆENICE (134 A4) (*M J5*)
In 173 m Höhe über seinem Schwestern-
ort *Mošćenička Draga* am Meer schwebt
das mittelalterliche Städtchen wie ein
Adlerhorst über der istrischen Ostküste.
Ein Stadttor führt in den historischen
Kern mit schmalen Gassen, blumenge-
schmückten, alten Steinhäusern und der
dem hl. Andreas geweihten, barocken
Kirche. Das kleine ethnografische *Muse-
um (Di–So 10–17 Uhr | Eintritt 10 Kuna)*
neben dem Stadttor zeigt historische

LOW BUDG€T

▶ Preiswertes Essen in Rijeka muss
nicht Fastfood sein. *Mornar* am Fähr-
terminal bietet konkurrenzlos güns-
tige Mittagsküche, so Lammeintopf
mit Gemüse für 25 Kuna! *Riva Boduli
5a | Tel. 091 2 57 12 03*

▶ *Mala krčma,* kleine Kneipe, nennt
sich das *Skalinada* in Volosko. Das
sympathische Lokal serviert preiswer-
te Gerichte, so etwa Bruschetta für
20 oder Sardellen für 30 Kuna. *Di ge-
schl. | Put uz dol 17 | Tel. 051 701 109*

▶ In der *Villa Amalia (31 Zi. | Pava
Tomašića 2/2 | Tel. 051 71 04 44 |
www.liburnia.hr),* der Dependance
des Hotels Kvarner Amalia, kommen
Sie in Opatija nostalgisch und dennoch günstig unter.

KÜSTE KVARNER-BUCHT

Schön geschützt: Das Učka-Gebirge in seinem Rücken beschert Opatija ein mildes Klima

Trachten und Arbeitsgerät; einige Häuser weiter ist eine 400 Jahre alte Ölpresse zu besichtigen. Sportliche Naturen bewältigen den Weg von Draga nach Mošćenice zu Fuß über 750 Stufen.

NATURPARK UČKA
(133 E–F 5–6) (*m* H–J 4–6)

Das Bergmassiv ist der gute Gott der Liburnischen Riviera, wie der Küstenabschnitt zwischen Mošćenička Draga und Volosko auch genannt wird. Es steigt steil bis zum höchsten Gipfel *Vojak* (1401 m) an und bildet eine schützende Barriere vor kalten Winden, was der Riviera ihr mildes Klima beschert. Wanderwege und Mountainbike-Pfade führen die dicht bewaldeten Hänge hinauf – von Lovran ist es ein etwa dreistündiger, schweißtreibender Anstieg. Bequemer erreicht man den Poklon-Sattel unterhalb des Gipfels mit dem Auto. Unbedingt sehenswert ist das wie ein Canyon eingeschnittene, bewaldete Tal *Vela Draga*, in dem bizarr erodierte Kalksteinformationen teils als 100 m hohe, dünne Nadeln aus dem dichten Grün ragen. Ein 600 m langer Lehrpfad (ca. 30 Min.) führt zu einem ☼ Aussichtspunkt über dem Tal. Sie erreichen die Schlucht, wenn Sie nach Passieren des Tunnel Učka rechts und gleich wieder links fahren.

OPATIJA

(134 A2) (*m* J4) ★ Willkommen in der guten alten Zeit! Die ganze Pracht der K.-u.-k.-Epoche ist hier in pastellfarbenen Fassaden, üppigem Skulpturendekor, exotischen Parkanlagen und eleganten Promenaden verewigt. Opatija (12 000 Ew.) wirkt so durch und durch habsburgisch, dass der alte, österreichisch-italienische Name *Abbazia* viel passender erscheint.

Wie der Nachbarort Lovran profitiert Opatija vom Schutzwall des Učka-Gebirges,

OPATIJA

das dem Luftkurort die beißend-kalten Windstöße der Bora erspart und ihm zu einem wunderbar milden Klima verhilft. 1844 legte der aus Rijeka stammende Kaufmann Iginio Scarpa hier den Grundstein für seine *Villa Angiolina* und damit zugleich für Opatijas Karriere als „klimatisches Heilbad". Scarpa war gut vernetzt und empfing gekrönte Häupter in seinem Domizil, die schon bald selbst bauen ließen und in Opatija Hof hielten.

SEHENSWERTES

CRKVA SV. JAKOVA
Die im 15. Jh. erbaute Jakobskirche und das zugehörige Kloster waren Opatijas Keimzelle; das wiederholt umgebaute Kirchlein in seinem kleinen, idyllischen Park präsentiert sich heute im Stilmix und ist nur zu den Gottesdiensten zugänglich. Im Inneren wird eine Replik der 1932 geschaffenen Skulptur *Pietà* des berühmten kroatischen Bildhauers Ivan Mestrović aufbewahrt.

FRANZ-JOSEF-PROMENADE (LUNGOMARE)
Die 12 km lange historische, von Volosko bis Lovran die buchtenreiche Küste säumende Promenade ist für die Einheimischen schlicht der Lungomare, an dem sie am späten Nachmittag gerne bummeln. Seit die K.-u.-k.-Welle über Opatija schwappte, wurde der Uferweg in Franz-Josef-Promenade umbenannt und mit nostalgischen Lampen verschönert. Der schattige Spazierweg passiert zahlreiche historische Villen und elegante Hotels.

VILLA ANGIOLINA
Exotische Bäume und Pflanzen schmücken den großen Park der Mitte des 19. Jhs. errichteten Villa, in der das *Kroatische Tourismusmuseum (Juni–Sept. Di–So 9–13, 17–22, sonst Di–So 10–18*

Uhr | Eintritt 10 Kuna) untergebracht ist. Es zeigt interessante Ausstellungen rund um das Thema Fremdenverkehr.

VILLEN UND HOTELS
Unter den historischen Hotels aus der K.-u.-k.-Epoche sticht das 1884, damals als Luxushotel eröffnete *Kvarner Amalia* hervor. In der 1890 erbauten *Villa Amalia* dahinter logierten gekrönte Häupter und Prominente, darunter Isadora Duncan, an die eine Statue erinnert. Die Hotelgäste verbrachten den Nachmittag gerne im *Café Glacier,* dem heutigen *Pavillon Juraj Šporer* (wechselnde Kunstausstellungen). 1885 wurde das heutige *Hotel Imperial* (damals Stephanie) erbaut und erhielt als Sensation ein großes Aquarium.

VOLOSKO ⭐
Opatija und der benachbarte Fischerort sind über die Uferpromenade miteinander verbunden. Dennoch herrscht hier eine ganz andere, nicht so mondäne, sondern eher mediterran-beschauliche Atmosphäre, obwohl mehrere beliebte Feinschmeckerrestaurants wie das *Le Mandrać* das Hafenbecken säumen.

ESSEN & TRINKEN

BEVANDA
Ein Traditionshaus im modernen Gewand – das kann auch schiefgehen. Doch die Bevanda hat ihre bewährte Qualität beim Facelifting sogar noch gesteigert. Versuchen Sie die hier die Scampi aus dem Kvarner-Golf! *Zert 8 | Tel. 051 49 38 88 | www.bevanda.hr | €€€*

RIBARNICA VOLOSKO
Im Fischgeschäft suchen Sie sich an der Theke den Fisch aus, bestellen Salat und Getränk dazu und verzehren das Ganze frisch zubereitet und gut gewürzt entweder an Tischen am Gehsteig oder im

KÜSTE KVARNER-BUCHT

urigen Gastraum um die Ecke. *Juni–Sept. Mo–Sa 9–22 (Okt.–Mai bis 21), So 10–15 Uhr | Stangerova 5 | Tel. 051 70 14 83 | €*

YACHTCLUB
Bereits die Lage des Restaurants mit Terrassen über dem Yachthafen hebt die Vorfreude; die von Fisch und Meeresfrüchten dominierte Speisekarte kann mit dem Blick übers Meer wunderbar mithalten. *Zert 1 | Tel. 051 27 23 45 | €€*

EINKAUFEN

MICHAL NEGRIN
Negrins Schmuckkreationen mag manch einer zu kitschig finden – originell und auffallend sind sie auf jeden Fall. *M. Tita 105 | www.michalnegrin.com*

FREIZEIT & STRÄNDE

Opatijas Schwimmbad *Slatina* im Zentrum besteht aus mehreren betonierten Terrassen, Cafés und Snackbars um einen runden Meerespool. Nördlich davon ist die Atmosphäre am mit Sand aufgeschütteten *Lido Beach* mit bequemen Liegen und Loungebar etwas eleganter. In den kommenden Jahren sollen der gesamte Uferbereich und die Schwimmbäder modern umgestaltet werden.

AM ABEND

COCKTAIL BAR HEMINGWAY
Seit Jahren ist die Bar am Yachthafen der Treffpunkt am Abend. *Zert 2 | www.hemingway.hr*

DIVAN LOUNGE BAR SHISHA
Orientalisch eingerichtet für den entspannten Abend mit Wasserpfeife und verschiedenen exotischen Teesorten. *Črnikovica 7a | Volosko*

ÜBERNACHTEN

HOTEL MIRAMAR
In dem sehr persönlich geführten Hotel findet das nostalgische Flair des Seebads seine perfekte Entsprechung. Romantische Zimmer, köstliche austromediterrane Küche, entspanntes Wellnesscenter

Abgesehen vom Dresscode atmet das Miramar bis hinaus auf die Terrasse K.-u.-k.-Flair und literarische wie musikalische Events machen den Aufenthalt zu einem K.-u.-k.-Erlebnis. Etwas ganz Besonderes sind die nostalgischen Silvesterfeiern des Hotels! *104 Zi. | Ive Kaline 11 | Tel. 051 28 00 00 | www.hotel-miramar.info | €€–€€€*

KVARNER AMALIA

Das erste in Opatija errichtete Hotel ist ein imposanter Bau und von außen hübsch renoviert. Wählen sie unbedingt ein Superior-Zimmer oder eine Suite! *82 Zi. | Pava Tomašića 2/2 | Tel. 051 71 04 44 | www.liburnia.hr | €€*

PROPERTY NONO ☼

Vier sorgfältig restaurierte und hübsch eingerichtete Häuschen in Veprinac, auf halbem Weg zwischen Opatija und Učka-Tunnel, bieten ruhige Unterkunft für Selbstversorger. Ein Pool und das atemberaubende Panorama ergänzen das Angebot. *Vanja Poščić | M. Tita 61 | Tel. 051 71 18 47 | www.property-nono.com | €€*

AUSKUNFT

TOURISMUSVERBAND OPATIJA
Vladimira Nazora 3 | Tel. 051 27 17 10 | www.opatija-tourism.hr

ZIEL IN DER UMGEBUNG

KASTAV (134 A2) *(J4)*
Von Mauern umgeben thront das 6 km entfernte, mittelalterliche Städtchen (900 Ew.) in knapp 400 m Höhe über der Bucht von Rijeka. Den Hauptplatz *Trg Lokvina* flankieren die Kirche *Sv. Trojice* und das *Kaštel,* beide im 14./15. Jh. gebaut. Am höchsten Punkt eröffnet sich von der Kirche ☼ *Sv. Jelene* ein fantastischer Blick über den Kvarner-Golf. Ähnlich fantastische Genüsse verspricht das Restaurant ☺ *Kukuriku (Kastav 120 | Tel. 051 69 14 17 | kukuriku.hr | €€€),* am

Eingangstor zur Altstadt gelegen – die schonende Verarbeitung ausschließlich regionaler Produkte hat ihm höchste Bewertungen in Feinschmeckerbibeln eingebracht.

RIJEKA

KARTE IM HINTEREN UMSCHLAG
(134 B2) *(J–K4)* **Verglichen mit den anderen Orten am Kvarner-Golf ist Rijeka (140 000 Ew.) eine richtige Stadt mit geschäftigem Hafen. Ihr kompaktes, historisches Zentrum, der farbenfrohe Markt und die Wallfahrtskirche machen sie zu einem reizvollen Ausflugsziel.**

> **CITY WOHIN ZUERST?**
> Guter Ausgangspunkt für die Stadtbesichtigung ist der *Jadranski Trg* unweit der Parkplätze und des Busbahnhofs. Hier beginnt die *Korzo* genannte Haupteinkaufsstraße von Rijeka. Übrigens haben Sie im Stadtzentrum kostenlosen Internetzugang (Wifi).

Der hier in den Kvarner-Golf mündende Fluss – kroatisch *rijeka,* italienisch *fiume* – gab Rijeka (Fiume) seinen Namen. Die von Hügeln eingerahmte Bucht war bereits im Neolithikum besiedelt, gehörte im Mittelalter zum kroatischen Königreich und stand von 1465 bis 1918 unter Habsburger Herrschaft.

SEHENSWERTES

Die wichtigsten Sehenswürdigkeiten Rijekas sind mit QR-Codes für Smartphones und Tablets gekennzeichnet, mit denen Hintergrundinfos auch in Deutsch abrufbar sind.

KÜSTE KVARNER-BUCHT

Im Schatten speist es sich besser – auf Rijekas Korzo finden Sie viele Cafés und Geschäfte

KATHEDRALE SV. VID

Das im 17. Jh. von einem Jesuiten konzipierte Gotteshaus lässt sein Vorbild, die Kirche Sta. Maria della Salute in Venedig, deutlich erkennen und ist der einzige Kirchenbau Kroatiens, der als Rotunde ausgeführt wurde. Verehrt wird hier ein wundertätiges Kruzifix, das zu bluten begann, als es von einem mutwillig geworfenen Stein getroffen wurde. *Trg Grivica*

KORZO

Vom *Jadranski Trg* im Westen bis zum *Mrtvi Kanal* im Osten, Nebenarm der Rječina, durchquert der Korzo als Fußgängerzone die Altstadt. Im mittleren Teil der von Bauten des Historismus und des Jugendstils gesäumten Einkaufsstraße steht der barocke *Uhrturm* (17. Jh.), dessen Torbogen der Doppeladler der Donaumonarchie schmückt. Der Durchgang führt zum Platz *Trg Ivana Koblera* mit dem ehemaligen Rathaus *Palača Komuna* und dem noch aus römischer Zeit stammenden Stadttor *Stara vrata* (1. Jh.). Entlang des gesamten Korzo laden zahllose Cafés zur Rast.

MARKTHALLEN

An der Südseite des Hafens liegen die zur Zeit des Jugendstils gebauten Markthallen. Vor allem die Fischhalle ist in architektonischer wie atmosphärischer Hinsicht ein Erlebnis. Rund um die Hallen werden in den Vormittagsstunden täglich Obst, Gemüse und Schnittblumen an Ständen verkauft.

INSIDER TIPP MOLO LONGO

Der 1707 m lange Wellenbrecher, 1872–88 gebaut, schützt Rijekas Hafen vor den Kapriolen der See, dient aber in erster Linie als Spazierweg, auf dem die Rijeker an den Wochenenden bummeln, sich treffen oder verliebt in den Sonnenuntergang träumen.

THEATER IVAN ZAJC

1885 erhielt Rijeka ein Theater, für das das Wiener Architektenbüro Helmer & Fellner verantwortlich zeichnete. Vor dem Theater erinnert eine Statue an den Namensgeber, den kroatischen Komponisten Ivan Zajc (1832–1914).

76 | 77

RIJEKA

TRSAT ⭐

Ob zu Fuß oder bequemer mit dem Stadtbus Nr. 1 – der Besuch von Trsat auf seinem 138 m hohen Hügel ist unbedingt empfehlenswert. Erstens wegen des schönen Blicks über die Kvarner-Bucht, zweitens wegen der etwas eigenwillig Ende des 19. Jhs. restaurierten und um ein Mausoleum erweiterten *Burg*, die im 13. Jh. von den Frankopanen erbaut wurde. Und drittens wegen der tief verehrten *Marienikone* (14. Jh.) in der *Wallfahrtskirche Unserer lieben Frau von Trsat*. Das ebenfalls auf Initiative der Frankopanen im 13. Jh. errichtete und im 15. Jh. erneuerte Gotteshaus soll Legenden zufolge einige Jahre lang das Haus der Heiligen Familie beherbergt haben, als es von Kreuzrittern Ende des 13. Jhs. von Nazareth nach Loreto gebracht wurde.

Der Küste mal den Rücken kehren: Saftig-grüne Hügel erklimmen Sie im Risnjak-Nationalpark

ESSEN & TRINKEN

INSIDER TIPP ▶ KONOBA NEBULOZA

Moderne trifft Tradition, in Einrichtung wie im Küchenstil. Istrische Wildgerichte, mediterrane Fischplatten – alles tadellos frisch und von feinstem Geschmack! *So geschl. | Titov Trg 2b | Tel. 051 37 45 01 | www.konobanebuloza.com | €€€*

KONOBA TARSA

Eine der beliebtesten *konobe* in Trsat, nicht zuletzt wegen der guten istrischen Hausmannskost wie *maneštra* oder Käse mit Trüffeln. *Josipa Kulfaneka 10 | Tel. 051 45 20 89 | konobatarsa.com | €*

ZLATNA ŠKOLJKA

Traditionelle Küche mit mediterraner Raffinesse: Auch ungewöhnliche Speisen wie *šurlice* mit Scampi und Trüffeln stehen auf der Karte. *So geschl. | Kružna 12 | Tel. 051 21 37 20 | www.zlatna-skoljka.hr | €€*

EINKAUFEN

FILODRAMMATICA

Die sympathische Buchhandlung mit Café hat auch interessante Hintergrundliteratur und Reiseführer zu Istrien und Kvarner im Sortiment. *Korzo 28*

MARI CRO DESIGN STUDIO

Dieser schicke Concept Store setzt sich für die heimische Modebranche ein: Er führt ausschließlich kroatische Designermode und ist wirklich eine Entdeckung wert! *Šime Ljubića 12 | www.mari-crodesign.com*

FREIZEIT & STRÄNDE

KANTRIDA BEACH

Die moderne Badeanlage 7 km westlich des Zentrums umrahmt die nun schick aufgerüstete olympische Schwimmhalle. Kiesstrand, Pools, Beachvolleyballplätze und Snackbars. *Eintritt 20 Kuna | Podkoludricu 2 | www.rijekasport.hr*

AM ABEND

CLUB BOA

Rijekas elegantester und modernster Club für die Fans von House und Elektro. *Ante Starčevića 8 | www.clubboa.com*

NAD UROM

Café und Club im 4. Stock des *Kaufhauses Korzo* mit tollem Blick über die Altstadt und Livemusikprogramm. *Trg Ivana Koblera 1 | nadurom.com*

ÜBERNACHTEN

BEST WESTERN JADRAN

Der Bau vom Beginn des 20. Jhs. ist ein Traum, die Lage am Meer ebenfalls – das komplett neu gestaltete Hotel verbindet ideal Stadt- und Badeurlaub. *69 Zi. | Šetalište XIII divizije 46 | Tel. 051 49 40 00 | www.jadran-hoteli.hr | €€€*

CARNEVALE LOUNGE HOSTEL

Zwei Punkte sprechen fürs Carnevale: die zentrale Lage und die absolute Sauberkeit. Dazu kommt freundlicher und sehr persönlicher Service. *30 Betten, 8 Zi. | Jadranski Trg 1 | Tel. 051 41 05 55 | www.hostelcarnevale.com | €*

NEBODER

Schön ist es nicht, das moderne Hochhaus, aber zentral gelegen, innen geschmackvoll renoviert und komfortabel. Und das alles zu günstigen Preisen. *54 Zi. | Strossmayerova 1 | Tel. 051 37 35 38 | www.jadran-hoteli.hr | €€*

AUSKUNFT

TOURISMUSVERBAND RIJEKA

Korzo 14 | Tel. 051 33 58 82 | www.tz-rijeka.hr

ZIEL IN DER UMGEBUNG

RISNJAK-NATIONALPARK ★

(134–135 C–D 1–2) *(🕮 L3–4)*

Der 6400 ha große Nationalpark wurde 1959 im westlichen Teil der Gebirgslandschaft des *Gorski Kotar* eingerichtet, die steil aus dem Kvarner-Golf emporsteigt und von 700 bis 900 m hoch gelegenen, dicht bewaldeten Ebenen geprägt ist. Das von Höhlen, Einsturztrichtern und Dolinen durchzogene Karstgebiet ist Heimat von Rot- und Schwarzwild, Luchsen, Wölfen und Bären und vielen Vogelarten. Höchster Gipfel ist der *Veliki Risnjak* (1528 m). Da die Region vom kontinentalen Klima geprägt ist, fällt hier viel Regen und im Winter auch Schnee. Eine idyllische Wanderung (2 Std.) bringt Sie von Hrvatsko vorbei am Dorf Kupari und am Flusslauf der Kupa entlang zur türkisblauen *Kupa-Quelle*. In rund drei Stunden erklimmen Sie von Bijela Vodica aus den Gipfel des Veliki Risnjak; der Weg steigt sanft an und ist nur im letzten Teilstück am Gipfel anspruchsvoll. Informationen und Unterkunft bekommen Sie im *Nationalparkhaus (Bijela Vodica 48 | Crni Lug | Tel. 051 83 61 33 | risnjak.hr).*

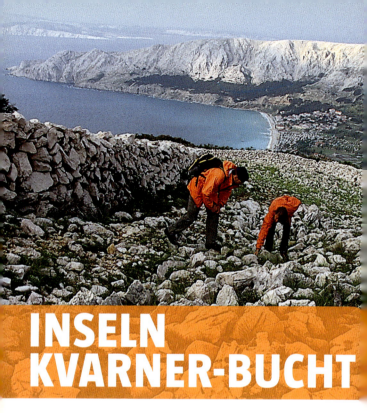

INSELN KVARNER-BUCHT

Wie Schatten treten die Inseln des Kvarner-Golfs aus dem morgendlichen Dunst eines heißen Sommertags. Glasklar und von Winden abgeschliffen präsentieren sie sich unter den kalten Stößen des Fallwinds Bora, liebliche Hänge voller Weinreben und Olivenbäume wenden sie ankommenden Schiffen zu. Jedes der fünf Eilande Cres, Lošinj, Krk, Rab, Pag hat ein besonderes Gesicht.

Weißer Kalkstein dominiert das herbe Cres; Pinien und Steineichen beschatten Lošinjs Buchten; Krk verbirgt hinter seinem kahlen Felsrücken fruchtbare Täler und schöne Strände. Rab zeigt zwei Seiten, den vegetationsarmen, aber mit Traumbuchten gesegneten Norden und üppiges Grün im Süden; Pag schließlich prägen Salinen, weißer Fels und uralte Olivenbäume. Alle fünf wetteifern um das Prädikat, die schönste Inselhauptstadt zu besitzen – das Rennen macht gemeinhin Rab. Für Segler und Bootfahrer sind die Kvarner-Inseln ein Traumrevier. Einen Strich durch die Rechnung machen höchstens unberechenbare Winde. Nehmen Sie deshalb die Warnungen der Seewetterdienste unbedingt ernst!

CRES

(138 A–B 1–4) (🗺 J–K 6–10) **Ein mit Macchia und duftenden Kräutern bestandener Höhenrücken begrüßt Reisende, die vom istrischen Brestova übersetzen. Cres ist eine Insel für Individualisten, für Menschen, die gern wandern oder Rad**

Bild: „Plateau des Monds" auf Krk

Strände, Geier und landschaftliche Vielfalt: die Kvarner-Inseln aktiv und umweltbewusst erleben

fahren, die bereit sind, längere Fußwege in Kauf zu nehmen zur nächsten, dafür aber wirklich paradiesischen Badebucht. Die Landschaft der 66 km langen und höchstens 12 km schmalen Insel wirkt karg, wasserarm und spröde. Auf dem 450 km² großen Cres leben knapp 3200 Menschen; viele Insulaner haben ihrer Heimat den Rücken gekehrt. Häuser verfallen, ganze Dörfer sind verlassen. Mehrere Initiativen bemühen sich, dem Verlust traditioneller Kultur und der damit einhergehenden Zerstörung des sensiblen Ökosystems Einhalt zu gebieten. Die touristische Erschließung hat auf Cres noch humane Ausmaße. Die meisten Besucher kommen in Privatzimmern unter. Sie können auf Cres entdecken, was die anderen Inseln weitgehend verloren haben: Tradition und intakte Natur.

ORTE AUF CRES

BELI (134 A5) (*J6*)
Das kleine Dorf Beli (30 Ew.) liegt in 130 m Höhe über dem kleinen Hafen

CRES

„Schlicht" im besten Sinn: Der Kiesstrand unterhalb Belis kommt ganz ohne mondäne Zutaten aus

Podbeli und seinem schönen Kiesstrand. Eine 8 km lange, schmale Straße führt durch Eichenwälder hinunter ans Meer. Ein paar Bootshäuser, der Strand mit INSIDER TIPP **türkisgrünem, glasklarem Wasser,** im Sommer noch ein Kiosk sind alles, was Sie hier erwartet.
Römische Spuren, keltische Grabanlagen sowie mittelalterlich-christliche Heiligtümer sind zwischen Eichen und Kastanien in der Umgebung verstreut. Gut unterhaltene und ausgeschilderte Wanderwege wie etwa die *Stanza Tramuntana* (7 km) erschließen Ihnen kulturelle wie Natursehenswürdigkeiten.
Falls Sie bleiben möchten: Die freundliche ☺ *Pension Tramontana (12 Zi. | Tel. 051 84 05 19 | www.beli-tramontana. com | €–€€)* nutzt Solarenergie, biologische Wasserfilter und Regenwasser. Im Restaurant werden regionale Produkte serviert. *Camping Brajdi (Sveti Petar 1a | Tel. 091 56 01 33 32 | €)* in Podbeli liegt direkt am Strand. Olivenbäume spenden Schatten, die Sanitäranlagen sind rustikal.

CRES-STADT (138 B1) (*K7*)
Das Hafenstädtchen an einer tiefen Bucht der Westküste ist die einzige große Ansiedlung der Insel (2900 Ew.). Mittelpunkt der Altstadt ist der malerische Hafen: Pastellfarbene Hausfassaden spiegeln sich im ruhigen Wasser, auf dem Fischer- und Ausflugsboote vertäut sind, und in der zierlichen Renaissanceloggia wird vormittags Gemüsemarkt gehalten. Das im 14. Jh. erbaute Gotteshaus des *Klosters Sv. Frane* besitzt zwei intime Kreuzgänge aus der Renaissance. Kostbare Schätze wie Andrea da Muranos Gottesmutter mit Kind (15. Jh.) zeigt das angeschlossene INSIDER TIPP *Museum (Sommer tgl. 10–12, 16–18 Uhr | Eintritt 10 Kuna | Trg Sv. Frane 6 | www.cres-samostan.com).*
Das *Hotel Kimen (128 Zi. | Melin I/16 | Tel. 051 57 33 05 | €€)* ist ruhig an der Uferpromenade in einem Pinienhain direkt am Fels-Kies-Strand gelegen. Die romantische Kulisse des abends beleuchteten Hafenbeckens bereichert das *Buffet Feral (Riva Creskih Kapetana 9 | Tel.*

INSELN KVARNER-BUCHT

051 57 31 01 | €−€€) mit frischem Fisch. In der *peka* gegartes Lamm schmeckt angeblich nirgends so gut wie bei *Trs* (*Krčina 101 | Tel. 051 571291 | €€*) oberhalb der Stadt.

LUBENICE ★ ☼ (138 A1) (⑂ J8)

Rund 20 Menschen sollen noch in dem 350 m hoch gelegenen Dorf leben. Lubenice ist ein beliebtes Ausflugsziel, denn das Panorama von hier oben ist fantastisch. Wer gut zu Fuß ist, kann den steilen Weg zu der weißen *Kiesbadebucht Sv. Ivan* am Fuß der Anhöhe hinunter- (und wieder hinauf-) klettern.

Als Einkehr empfiehlt sich die *Konoba Hibernica (Lubenice 17 | Tel. 051 57 31 01 | €€)*, die typische Gerichte wie aromatischen Lammbraten serviert. In Lubenice bemüht sich das 😊 *Centar Gerbin* um den Erhalt traditioneller Bauten, um die Förderung der Schafzucht und den Schutz der besonderen Flora. Das der Schafzucht gewidmete Museum *Muzej*

Ovčarstva (Juli−Sept. tgl. 9−21 Uhr | Eintritt 10 Kuna) residiert im alten Schulhaus des Dorfs.

OSOR ★ (138 B3) (⑂ K10)

Epidemien haben das einst mächtige *Apsoros* der Antike in eine Geisterstadt verwandelt. Osor war bis zum 15. Jh. Hauptstadt der Inseln Cres und Lošinj, liegt es doch strategisch günstig am Isthmus, der die beiden früher zusammenhängenden Eilande verband und den die Römer durchstachen. Bis zu 30 000 Menschen lebten zur Blütezeit in Osors Mauern, die heute noch imposant die Stadt umgürten. Geblieben sind rund 80 meist ältere Bewohner.

Kathedrale, Bischofspalast und Loggia beherrschen den Hauptplatz. Auf den Plätzen nehmen Plastiken aus der Hand bekannter kroatischer Künstler, darunter Ivan Mestrović' *Ferne Akkorde,* Bezug auf das Sommerfestival *Musikabende von Osor.*

MARCO POLO HIGHLIGHTS

★ **Lubenice**
Der von seinen Bewohnern fast ganz verlassene Ort thront malerisch über Cres' Steilküste → S. 83

★ **Osor**
Gotik, Renaissance und zeitgenössische Kunst am Schnittpunkt von Cres und Lošinj → S. 83

★ **Kirche Sv. Lucija**
Das schlichte romanische Gotteshaus auf Krk birgt eine wertvolle glagolitische Steintafel → S. 85

★ **Krk-Stadt**
Geschichte auf Schritt und Tritt, dazu lebhaftes Hafenflair und urige *konobe* → S. 87

★ **Veli Lošinj**
In einem der hübschesten Häfen des gesamten Archipels erinnern Kirche und Kapitänshäuser an die einstige große Ära der Schifffahrt → S. 92

★ **Pag-Stadt**
Das Gesamtkunstwerk der Renaissance spiegelt sich in den Verdunstungsbecken der Salinen, die die Stadt reich gemacht haben → S. 95

★ **Rab-Stadt**
Die Stadt mit der viel fotografierten Silhouette birgt quirliges Flair hinter historischen Mauern → S. 97

KRK

Der Vergangenheit können Sie im *Archäologischen Museum (Ostern–Mitte Juni, Mitte Sept.–Okt. Di–Sa 10–14, Mitte Juni–Mitte Sept. Di–So 10–13, 19–22 Uhr | Eintritt 10 Kuna)* nachspüren.

Eine Wohltat für die Augen ist der bunte Sommerblumengarten der *Konoba Bonifačić (Tel. 051 23 74 13 | €€)*. Wenn Sie frisch gefangenen Fisch bestellen, folgt dem visuellen Genuss mit Sicherheit ein kulinarischer.

VALUN (138 A1) (ᗯ J8)

Ein kleiner Fischerhafen, ein paar blumengeschmückte Häuser, die Kirche am Hang darüber, zwei Kiesstrandbuchten – Valun ist ein Ferienort aus dem Bilderbuch. Ein bedeutendes kulturelles Erbe wird im Gotteshaus aufbewahrt: Die *Tafel von Valun, Valunska ploča,* ist mit glagolitischen und lateinischen Texten beschriftet und stammt aus dem 11. Jh. Mehrere Restaurants am Wasser bieten Fisch- und Grillgerichte an; besonders hübsch sitzt man im INSIDER TIPP *MaMaLu (8 Zi. | Valun 13a | Tel. 051 52 50 35 | www.mamalu-valun.hr | €€)*. In dem Familienbetrieb kümmert sich die Dame des Hauses ums Restaurant, während Mann und Söhne für den Fisch zuständig sind – frischer bekommen Sie Kvarner-Scampi selten auf Ihren Teller.

STRÄNDE

Die kinderfreundlichsten Kiesstrände befinden sich bei *Martinšćica* an der Westküste. Sie fallen flach ins Meer ab und sind von schattigen Pinienwäldern gesäumt. An der schroffen Ostküste finden sich nur im Norden unterhalb von Beli und weiter südlich unterhalb von Belej schöne Bademöglichkeiten. Der Strand *Uvala Meli* liegt 2,5 km Fußmarsch von Belej entfernt. Weißer Sand verleiht ihm ein karibisches Blau.

SCHIFFSVERBINDUNGEN

Autofähren verbinden Cres mit Istrien *(Porozina–Brestova)* und mit Krk *(Merag–Valbiska)*. Abfahrtszeiten und Tarife listet *www.jadrolinija.hr*.

AUSKUNFT

TOURISMUSVERBAND CRES
Cons 10 | Tel. 051 57 15 35 | www.tzg-cres.hr

KRK

(134–135 B–E 3–6) (ᗯ K–M 5–7) **Krk zeigt dem Festland nicht seine schönste Seite. Die abgeschliffenen Felsen entlang der Ostküste sind ein Werk des Fallwinds Bora. Doch kaum ist diese Barriere überwunden, geizt die Insel nicht mit Reizen: Dunkle Eichenwälder, silbrig glänzende Olivenhaine, das tiefe Grün der Weinreben zeigen, wie fruchtbar sie ist. An der Küste wechseln sich kleine Felsbuchten mit langen Kiesstränden ab.** Architektonische Kostbarkeiten schmücken die Inselstädte. Von Krk stammt das Fürstengeschlecht der Frankopanen, das die Region vom 11. bis zum 17. Jh. relativ unabhängig von Venedig beherrschte. Sie stifteten Klöster, in denen die glagolitische Schrift bis ins 19. Jh. gepflegt wurde.

ORTE AUF KRK

BAŠKA (135 D6) (ᗯ M7)

Die Stadt (1550 Ew.) im Südosten der Insel zählt dank ihres knapp 2 km langen Kiesstrands *Vela plaža* zu den beliebtesten Ferienzielen der Insel. Karge Bergrücken schützen Ort und Strand vor kalten Winden. Eine Kette von Hotels, Ferienhäusern und Apartmentanlagen säumt

INSELN KVARNER-BUCHT

die geschwungene Bucht. Restaurants, Straßencafés und Souvenirläden ziehen am frühen Abend Scharen von Müßiggängern an, die die Strandpromenade *Ulica Kralja Zvonimira* in einen lebhaften *corso* verwandeln. Der Altstadtkern von Baška ist übersichtlich. Ein kleines *Aquarium (tgl. April, Okt. 10–15, Mai 10–17, Juni, Sept. 9–21, Juli/Aug. 9–22 Uhr | Eintritt 20 Kuna | Ul. Kralja Tomislava)* zeigt die bunte Unterwasserwelt des Kvarner-Archipels.

Nicht weit von Baška entfernt, in der romanischen ★ *Kirche Sv. Lucija* des Dorfs Jurandvor, wird die Kopie einer Steintafel mit einer glagolitischen Inschrift aus dem 11. Jh. aufbewahrt. Das Original der *Tafel von Baška, Bašćanska ploča,* befindet sich in Zagreb. Das *Infozentrum (tgl. März, Nov. 10–15, April, Sept. 10–18, Mai, Juni, Okt. 10–17, Juli/Aug. 9–21 Uhr | Eintritt 20 Kuna)* im ehemaligen Kloster zeigt einen sehenswerten Film über die Bedeutung der Tafel.

Ein geschützter romantischer Innenhof, dazu Kerzenlicht, leiser Jazz und beste mediterrane Küche sprechen unbedingt für einen Besuch des INSIDERTIPP *Bistro Francesca (Vladimira Nazora 15 | Tel. 051 85 65 68 | www.koper.hr/bistrofrancesca | €€).* Mit Blick auf Hafen und Meer speisen Sie bei ☼ *Ribar (Palada | Tel. 051 85 64 61 | €€–€€€)* ausgezeichneten Fisch.

Den Wanderweg *Put ka Mjesecu* („Weg zum Mond", 7,5 km, 3 Std.) sollten Sie früh am Tag in Angriff nehmen, solange es noch nicht zu heiß ist. Vorbei am *Friedhof des Kirchleins Sv. Ivan* geht's bergauf bis zum ● ☼ *Mondplateau* in 380 m Höhe. Bereits hier eröffnet sich ein eindrucksvoller Rundblick über die Bucht bis zum Velebit-Gebirge. Vom rund 100 m höher gelegenen ☼ *Gipfel des Veli Hlam* ist das Panorama dann noch eindrucksvoller. Häufig sieht man hier Gänsegeier kreisen, die auf der vorgelagerten Insel Prvić nisten. Ein kompetenter Partner für

Die Dreifaltigkeitskirche in Baška, einem der wichtigsten Urlaubsorte auf Krk

84 | 85

KRK

Tauchexkursionen ins **INSIDER TIPP** *Unterwasser-Naturschutzgebiet um Prvić* ist *Squatina Diving (Tel. 051 85 60 34 | www.squatinadiving.com)*.

Fünf-Sterne-Komfort genießen die Gäste der *Atrium Residence (64 Zi. | E. Geistlicha brinj 106)*, sakrale Kunst *(Sakralna Zbirka | im Pfarrhaus | nur nach Anmeldung in der Touristeninformation)* und Kunst der klassischen Moderne *(Galerija Infeld | während Ausstellungen tgl. 11–14, 17–21 Uhr | wechselnder Eintritt | infeld.net)*.

Hingucker in Krks Altstadt: die Zwiebelkappe, die die Frankopanen dem Kirchturm aufsetzten

cha 39 | Tel. 051 65 61 11 | www.hotelibaska.hr | €€€). Individueller geführt wird das *Hotel Tamaris (15 Zi. u. 15 Apts. | E. Geistlicha | Tel. 051 86 42 00 | www.baska-tamaris.com | €€)*, ebenfalls direkt am Strand.

Auskunft: *Tourismusverband Baška | Kralja Zvonimira 114 | Tel. 051 85 68 17 | www.tz-baska.hr*

DOBRINJ &
ŠILO (134 C5 & 135 D4) *(ω L6)*

Das im Nordosten einige Kilometer landeinwärts liegende Dobrinj (2000 Ew.) verdankt seine Bekanntheit als Stadt der Künste mehreren kleinen Museen. Sie zeigen lokale Traditionen und Handwerk *(Etnografska zbirka | Juli/Aug. tgl. 9–12, 17–21 Uhr | Eintritt 10 Kuna | Do-* In der ● *Konoba Zora (Dobrinj 71 | Tel. 051 84 82 50 | €€)* im Zentrum bekommen Sie die besten *šurlice*, eine Art Schupfnudeln, mit Gulasch.

Dobrinjs Badeort ist das 6 km entfernte Šilo mit schönen Feinkiesstränden und großer Auswahl an Ferienapartments (zu buchen über *www.siloturist.com*). Natürliche ● Fango-Ablagerungen an der 5 km entfernten *Bucht von Soline* machen die Haut schön weich und geschmeidig. Einfach einreiben, trocknen lassen und im Meer abwaschen! Die sehenswerte Karsthöhle ● *Špilja Biserujka (April, Okt. tgl. 10–15, Mai, Juni 9–17, Juli, Aug. 9–18, Sept. 10–17 Uhr | Eintritt 20 Kuna | www.spilja-biserujka.com.hr)* entführt beim Weiler Rudine in eine unterirdische Tropfstein-Märchenwelt.

INSELN KVARNER-BUCHT

Auskunft: *Tourismusverband Dobrinj | Stara Cesta | Šilo | Tel. 051 85 21 07 | www.tzo-dobrinj.hr*

KRK-STADT ★ (134 C6) (*ℳ L7*)

Der Turm der Kathedrale scheint fremd im Stadtbild von Krk (6500 Ew.). Anders als die meisten anderen Kirchtürme im Kvarner trägt er eine zwiebelförmige Kappe. Krk war der Serenissima ab 1118 untertan, wurde aber de facto von den Frankopanen regiert. Deren 400-jährige Herrschaft hat Insel und Stadt geprägt. Von der *Uferpromenade* gelangen Sie durch eine Schneise in der gut erhaltenen *Stadtmauer* (15. Jh.) auf den eleganten Platz *Vela Placa,* dessen Brunnen der Markuslöwe ziert. Den Platz *Trg Sv. Kvirina* beherrschen die *Kathedrale Mariä Himmelfahrt* und die mit ihr verbundene, romanische *Kapelle Sv. Kvirina.* Sie dient als Ausstellungsraum für sakrale Kunst, in dem ein **INSIDER TIPP** vergoldetes Altarretabel von 1477 alles überstrahlt. Ein schmaler Durchgang erlaubt den Zutritt zur barock ausgestatteten Kathedrale *(tgl. 9.30–13 Uhr)*, die 1186 über einer frühchristlichen Basilika errichtet wurde. Am angrenzenden *Trg Kamplin* stehen das im 12. Jh. erbaute *Kastell,* ein wuchtiger *Festungsturm* (11. Jh.), in dem die Frankopanen Gericht hielten, und ein runder *Wachtturm.*

Achten Sie bei Ihrem Bummel durch die schmalen Gassen der Altstadt nicht nur auf die hübschen Souvenirgeschäfte links und rechts. Denn im Haus Ribarska Ul. 7 ist ein römisches *Bodenmosaik* mit Meeresmotiv aus den ehemaligen Thermen erhalten. Selbst in der *Cocktailbar Volsonis* direkt an der Vela Placa können Sie einen Blick auf Überreste der römischen Stadtmauer und Thermen werfen – ein kleines *Lapidarium* dokumentiert die Funde. Die schönste ☀ **INSIDER TIPP** Fotoperspektive auf die

Altstadt eröffnet sich, wenn Sie durch das Freiheitstor *Vrata Slobode* am östlichen Ende der Ul. Strossmayer auf den kleinen Kai nach rechts spazieren.

Nach links geht es von hier zu ☺ *Nono (Krekih Iseljenika 8),* dem Laden und der *konoba* eines Bioolivenbauern. Eine schattige Terrasse am Meer macht die *Konoba Corsaro (Obala Hrvatske Mornarice 2 | Tel. 051 22 00 84 | €€)* zur ersten Wahl für ein Abendessen mit Pasta, Grillgerichten und Fisch. Urig und oft beängstigend eng geht es in der *Konoba Šime (A. Mahnića 1 | Tel. 051 22 00 42 | €−€€)* zu, doch die Stimmung ist entspannt und die Küche hervorragend. Die Kult-Diskobar *Casa del Padrone (Šetalište Sv. Bernardina)* führt angeblich das beste Eis der Insel. Hierher kommt die Jugend, um tagsüber zu entspannen und abends zu feiern.

LOW BUDGET

▶ Einfach und sauber sind die Ein- bis Vierbettzimmer der *Vila Rivijera (Mitte Mai–Mitte Sept. | 18 Zi. | Riva Creskih Kapetana 10 | Tel. 051 571133 | www.tbcres.com)* in einer klassizistischen Villa am Stadtrand von Cres.

▶ Preiswerte Unterkunft im mondänen Punat auf Krk zu finden ist nicht ganz einfach. Das *Hostel Halugice (20 Zi. | Novi Put 8 | Tel. 051 85 40 37 | www.nazor.hr)* schafft mit farbenfroh eingerichteten Zwei- und Mehrbettzimmern Abhilfe.

▶ Auf ein Sandwich oder eine preiswerte Pizza kehrt man in Krk-Stadt bei *Mariolina (Dr. D. Vitezića 19 | Tel. 051 22 23 46)* ein.

KRK

Kies und einige Betonplattformen östlich der Altstadt zeichnen den einfachen *Stadtstrand Dunat* aus. Weiter nach Osten finden Sie am *Dražica-Strand* sogar sandige Abschnitte und einen schattigen Pinienwald. Wer tagsüber gerne Sport treibt und nachts auf Beachpartys feiert, ist am Strand *Porporela* westlich der Altstadt richtig. Umgeben von duftendem Kiefernwald wohnen Sie im schicken *Valamar Koralj (193 Zi. | V. Tomašića | Tel. 051 65 54 00 | www.valamar.com | €€)*. Einfacher und individueller ist die *Vila Anna (5 Zi. u. 2 Apts. | Slavka Nikolica 30 | Tel. 051 22 22 20 | www.juresic-krk.com | €)*; alle Zimmer haben Klimaanlage.

Auskunft: *Tourismusverband Krk | Obala Hrvatske Mornarice | Tel. 051 22 02 26 | www.tz-krk.hr*

MALINSKA (134 B–C5) (*M K6*)

Mediterrane Vegetation ist das Markenzeichen von Malinska (1700 Ew.), dem größten Ferienort auf Krk. Der landschaftlich reizvolle *Paradiesweg* führt im Schatten von Eichen und Pinien an der Felsküste bis ins 5 km entfernte Njivice. Berühmt ist Malinska für seine vielen Strände von *Haludovo* im Norden, wo zahllose kleine Felsbuchten zum Sprung ins glasklare Wasser locken, über den Sand-Kies-Strand *Rupa* in der Ortsmitte bis zu den südwestlich anschließenden, zwischen Feinkies und Fels wechselnden Buchten wie *Sv. Martin* und *Uhić*. Sportliche Naturen testen ihr Geschick an den *Wakeboards des Schlepplifts (im Sommer tgl. 10–19 Uhr | 11 Euro/Std. | www.wakeboarder.hr)* im nahen Porat. Die *Konoba Nino (Lina Bolmarčića 27 | Tel. 051 85 90 11 | www.konoba-nino-malinska.hr | €€)* liegt hübsch am Hafen. Fisch vom Grill zählt zu den Spezialitäten. Wer Spanferkel oder Lamm am Spieß liebt, kommt an der *Konoba Maslina (Rasopasno 2c | €€)* nicht vorbei. Im angeschlossenen Laden können Sie Öl, Honig und Souvenirs kaufen. Für das nächtliche Feiervergnügen sorgt in Malinska der `INSIDER TIPP` *Club Boa (www.clubboa.com)*.

Das *Hotel Malin (161 Zi. | Kralja Tomislava 23 | Tel. 051 85 02 43 | www.hotelmalin.com | €€)* befindet sich von Pinien und Eichen umgeben am Fels-Kies-Strand. Ein kleines Wellnesscenter versüßt eventuelle Schlechtwettertage. Eine originelle Unterkunft sind die Apartments im 500 Jahre alten ☺ *Turm Krk (5 Apts. | Miholjice 75 | Mobiltel. in Deutschland 0179 5 29 26 86 | www.turm-krk.de | €€)* in Malinskas Nachbarort Sv. Vid: Das Wasser wird mit Solarstrom erwärmt. Ökologisch wirtschaften auch die Betreiber des einfachen ☺ *Camp Glavotok (250 Stellplätze | Glavotok 4 | Tel. 051 862117 | www.kamp-glavotok.hr | €)* im Schatten eines alten Eichenwalds.

Auskunft: *Tourismusverband Malinska | Obala 46 | Tel. 051 85 92 07 | www.tz-malinska.hr*

PUNAT & KOŠLJUN (134 C6) (*M L7*)

Die runde Bucht von Punat zählt zu den geschütztesten Häfen der nördlichen Adria. Das Städtchen Punat (1900 Ew.) präsentiert sich als moderner, lebhafter Ferienort mit Straßencafés, Restaurants, langen und flach abfallenden Kiesstränden und einer großen ACI-Marina.

Glagolitische Schriften und volkskundliche Exponate bewahren Franziskanermönche auf der Punat vorgelagerten *Klosterinsel Košljun (Überfahrt mit Taxiboot im Sommer tgl. 9–18 Uhr | hin und zurück 40 Kuna | Kloster/Museum Mo–Sa 9.30–18, So 10.30–12.30 Uhr | Eintritt 20 Kuna)* auf. Bereits im 11. Jh. ließen sich Benediktiner auf dem Eiland nieder; im 15. Jh. übernahmen die Franziskaner den Konvent. Sehenswert sind der schlichte Renaissance-Kreuzgang und die im 18. Jh. barockisierte Kirche sowie das Museum.

INSELN KVARNER-BUCHT

Košljun: Das Franziskanerkloster auf der kleinen Insel vor Punat bewahrt viele Raritäten

Unter Skippern beliebt ist die *Konoba Sidro (Obala 18 | Tel. 051 85 42 35 | €€)* mit rustikalen Holztischen und -bänken an der Uferpromenade. Im alten Teil Punats liegt die originelle **INSIDER TIPP** *Konoba Ribice (17. Travnja 95 | Tel. 091 184 13 01 | €–€€)*, die ausschließlich kleine Fische wie Anchovis, Sardinen und Sprotten sowie Scampi zu gemischtem Salat und Brot serviert. Neben allen Arten von Wassersport können Feriengäste um Punat auch reizvolle Wanderungen durch Olivenhaine und zu Ruinen frühchristlicher Kirchen unternehmen. Bei der Tourist-Info ist eine kostenlose Wanderkarte erhältlich. Der ehemalige Bischofspalast von Punat dient heute als mit maritimen Motiven eingerichtetes *Hotel Kanajt (20 Zi. | Kanajt 5 | Tel. 051 65 43 40 | www.kanajt.hr | €€€)*, dessen Restaurant sich nicht nur bei den Schiffscrews großer Beliebtheit erfreut. Auskunft: *Tourismusverband Punat | Pod Topol 2 | Tel. 051 85 48 60 | www.tzpunat.hr*

STARA BAŠKA (135 D6) (*L7*)

Ein Geheimtipp ist das Dorf am Ende einer 7 km langen Stichstraße von Punat längst nicht mehr, aber nach wie vor ein Ziel für Individualisten. Ein paar Privathäuser, einige Pensionen und wunderschöne Buchten mit karibisch-türkisgrünem Wasser – das macht den Zauber von Stara Baška aus. Die Unterkunft, etwa in der *Pansion Nadia (15 Zi. | Stara Baška 253 | Tel. 051 84 46 63 | www.nadia.hr | €–€€)*, ist einfach – dafür wohnen Sie direkt am Meer und genießen im angeschlossenen Restaurant kroatische Küche nach traditionellen Rezepten. Bei *Eurodivers (Kontakt über Pansion Nadia oder croatia@euro-divers.com)* gleich nebenan können Sie den Tauchschein machen oder Exkursionen buchen.

VRBNIK (135 D5) (*L6*)

Kopfsteinpflaster, Oleander und Geranien als Schmuck an Fenstern und Türen, hier ein Torbogen, der in einen

88 | 89

KRK

lauschigen Innenhof führt, dort eine steile Treppe zur nächsthöheren Gasse – Vrbnik (1300 Ew.) wirkt dank seiner Lage auf einem 50 m hohen Fels über dem Meer sehr pittoresk. Es ist die Weinhauptstadt von Krk, vielleicht sogar des Kvarner, denn der hier gekelterte Weißwein *Vrbička Žlahtina* gilt als einer der besten Kroatiens. Sie können ihn in verschiedenen Kellereien im Ort

Auskunft: *Tourismusverband Vrbnik | Placa Vrbničkog Statuta 4 | Tel. 051 85 74 79 | www.vrbnik.hr*

FREIZEIT & STRÄNDE

Die beliebtesten Strände der Insel befinden sich bei *Baška*, *Malinska* und *Punat*. Einsame Buchten sind um *Stara Baška* und *Vrbnik* zu entdecken. An den großen

Viel zu sehen und zu kosten: Das malerische Vrbnik ist die Weinhauptstadt Krks

verkosten, etwa im INSIDER TIPP *Weinausschank Gospoja (Frankopanska 1 | Tel. 051 85 71 42 | www.gospoja.hr | €)*, wo es u. a. den hauseigenen, mehrfach preisgekrönten *Žlahtina Toljanić* gibt. Auch in der *Konoba Nada (Glavaca 22 | Tel. 051 85 70 65 | www.nada-vrbnik.hr | €€)* bekommen Sie Žlahtina aus dem Familienbetrieb, dazu bäuerliche Gerichte aus der *peka* und frischen Fisch. Der Kiesstrand INSIDER TIPP *Potovošće* 2 km südlich von Vrbnik zählt zu den reizvollsten Stränden der Kvarner-Inseln; das Wasser ist von einer atemberaubenden Klarheit.

Stränden werden Tretboote, Kajaks und Windsurfbretter verliehen; man kann Aquascooter fahren oder Wakeboarden (in Punat und Baška).

SCHIFFSVERBINDUNGEN

Bei Kraljevica führt eine 1450 m lange, mautpflichtige Brücke vom Festland auf die Insel *(35 Kuna)*. Autofähren verbinden Krk mit Cres *(Valbiska–Merag | www.jadrolinija.hr)*. Zwischen *Valbiska* (Krk) und *Lopar* (Rab) gibt es ebenfalls eine Fährverbindung *(www.lnp.hr)*.

INSELN KVARNER-BUCHT

AUSKUNFT

TOURISMUSVERBAND DER INSEL KRK
Trg Sv. Kvirina 1 | Krk | Tel. 051 22 13 59 |
www.krk.hr

LOŠINJ

(138 A–C 3–6) (*ⓜ J–K 10–11*) **Wohl
jeder, der von Cres kommend die Dreh-
brücke nach Lošinj überquert, wird sich
nach wenigen Kilometern fragen, wie
es kommt, dass diese beiden Inseln so
unterschiedlich sind.**

Der Kargheit von Cres setzt Lošinj ein
üppiges Pflanzenkleid entgegen: Kie-
fernwälder rahmen die Inselbuchten ein;
Zistrosen, Glockenblumen und Orchideen
sprießen aus Trockenmauern, Feigen-
bäume, Steineichen und Edelkastanien
bilden schattige Haine und in der Luft
liegt der aromatische Duft von Rosmarin, Salbei und Thymian. Lošinjs Klima
ist milder als das der großen Schwester
Cres, aber dies alleine ist nicht der Grund
für das viele Grün. Das ist auch einer ersten Ökobewegung Ende des 19. Jhs. zu
danken: Der Botaniker Ambroz Haračić
pflanzte mit engagierten Mitstreitern
über 300 000 Aleppo- und Schwarzkiefern auf der Insel.

ORTE AUF LOŠINJ

MALI LOŠINJ (138 B5) (*ⓜ K11*)
Mali, das kleine Lošinj (8500 Ew.), ist
heute die größte Siedlung auf der Insel
und hat den Nachbarort *Veli,* das große
Lošinj, an wirtschaftlicher wie touristi-
scher Bedeutung überholt. Alte Kapitänshäuser in Pastellfarben scharen sich
um das rechteckige Hafenbecken, in dem
fast immer auch nachgebaute historische
Segler vertäut sind. Diese *brigatini* waren
bis Ende des 19. Jhs. der Stolz der Lošinjer

Schifffahrt und segelten bis Amerika;
ihre Kapitäne verdienten viel Geld, wie
die stattlichen Häuser beweisen. Heute
transportieren die motorisierten Ausfüh-
rungen der *brigatini* Touristen auf Törns
durch die Kvarner-Inselwelt.

Dieses malerische Zentrum ist denn auch
die Hauptsehenswürdigkeit von Mali
Lošinj. Zwar ist seit Jahren geplant, im *Palazzo Kvarner (Riva 13)* einen Sensations-
fund, einen bronzenen griechischen
Jüngling aus dem 2.–1. Jh. v. Chr., aus-
zustellen, der unweit der Insel aus dem
Meer gefischt wurde. Doch der makellos
schöne *Apoksiomen* wird vorläufig noch
in Zagreb aufbewahrt. Besuchenswert ist
der ● Kräutergarten *Miomirisni Otočki
Vrt (März–Juni, Sept.–Dez. tgl. 10–12,
17–19, Juli, Aug. 8.30–12.30, 18–21 Uhr |
Eintritt frei | Ul. Braće Vidulić | www.mio
mirisni-vrt.hr)* am Stadtrand, dessen Thema die Düfte und Aromen der Insel sind.
Im angeschlossenen ☺ *Laden* werden
Kräuter und Honig aus Bioanbau verkauft. Einen **INSIDER TIPP** Spaziergang
auf den Spuren der Kurgäste aus der
K.-u.-k.-Ära können Sie an der 2 km ent-
fernten *Čikat-Bucht* unternehmen. Hier,
in dem von Haračić gepflanzten Kiefern-
wald, logierten die vornehmen Kurgäste
in pompösen ● Villen – *Villa Hygeia, Villa Glencoe, Villa Alhambra, Villa Augusta.*
In den meisten werden Zimmer oder
Apartments vermietet (z. B. unter *www.
losinj-hotels.com).* Nach dem Bummel
empfängt Sie das Personal der *Konoba
Cigale (Čikat | Tel. 051 23 85 83 | €€)* mit
großer Herzlichkeit und wohlschmecken-
der Fischküche.

Unter den Restaurants am Lošinjer Ha-
fenbecken ist das *Nostromo (Priko 54 |
Tel. 051 23 17 84 | €€€)* eine gute Wahl,
denn der Fisch wird mit aromatischen
Kräutern zubereitet. Günstiger speisen
Sie im *Lošinjsko Idro (Sv. Marije 14 | Tel.
051 23 34 24 | €–€€),* wo vor allem

LOŠINJ

deftige Gerichte wie Lamm aus der *peka* auf der Karte stehen. Eine stilvolle Residenz am Hafen ist das komfortable *Hotel Apoksiomen (25 Zi. | Lošinjskih Kapetana 1 | Tel. 051 52 08 20 | www.apoksiomen.com | €€€)*. Das Frühstück wird im hauseigenen *Wiener Café* serviert. Abseits vom Trubel übernachten Sie in der *Villa Deis (11 Zi. | A. Haračića 13 | Tel. 051 52 09 50 | www.villadeis.com | €€–€€€)* oberhalb des Hafens, die um 1800 erbaut wurde.

NEREZINE (138 B4) *(ꞮꞮ K10)*

Dieser kleine Hafen (400 Ew.) an der Ostküste hat eine lange Schiffsbautradition. Hier wurden einst die traditionellen *brigatini* gebaut, und heute entstehen in Nerezine moderne Motorsegler nach historischen Vorbildern. Das Städtchen ist ein ruhiger Ferienort mit einigen angenehmen Hotels und zwei schönen Kiesstränden, *Galboka* im Norden und dem etwa eine Viertelstunde Fußweg entfernten ☀ *Strand Ridimutak* mit reizvollem Blick auf Osor, einem schattigen Pinienwald und einer Beach Bar. Das *Hotel Televrin (13 Zi. | Obala Neresinskih Pomoraca | Tel. 051 23 71 21 | www.televrin.com | €€)* zeichnet sich durch individuelle Betreuung und ein gutes Restaurant mit frischer, mediterraner Küche aus.

VELI LOŠINJ ★ ● (138 B5) *(ꞮꞮ K11)*

Allein die Lage an einer fjordartigen Bucht verleiht dem ehemals „großen" Lošinj (1000 Ew.) ein ganz besonderes Flair. An der Einfahrt zum Hafenbecken begrüßt die barocke, kostbar ausgestattete *Kirche Sv. Antuna* seit dem 18. Jh. die einlaufenden Schiffe. In der Ortsmitte überragt ein zinnengekrönter *Wachtturm* die prächtigen *Kapitänshäuser*. Darin zeigt ein kleines *Museum (April–Mitte Juni Di–Sa 10–13, Mitte Juni–Mitte

Sept. Di–So 10–13, 19–22 Uhr | Eintritt 10 Kuna)* neben der Kopie des Apoksiomen wechselnde Kunst- und volkskundliche Ausstellungen. Dem Schutz und der Erforschung der etwa 120 Delphine im Kvarner-Archipel hat sich ☺ *Blue World* verschrieben. Interessierte können vor Ort oder online eine Patenschaft übernehmen. Die Ausstellung im *Infozentrum (Okt.–April Mo–Fr 10–14, Mai, Juni, Sept. Mo–Fr 10–16, Sa 10–14, Juli, Aug. tgl. 10–21 Uhr | Eintritt frei | Kuna Kaštel 24 | www.blue-world.org)* stellt die Arbeit der Meeresbiologen vor.

In der Rovenska-Bucht gleich neben der von Veli Lošinj schwingt Mario Sasso den Kochlöffel in seiner legendären *Bora Bar (Rovenska 3 | Tel. 051 86 75 44 | €€–€€€)*. Sein Thunfisch-Carpaccio ist sensationell! An der Bucht lockt der *Rovenska-Strand* mit feinem Kies zu einem Sprung ins Wasser. Elegante Zimmer und den Blick auf den Hafen genießen die Gäste der *Vila Tamaris (10 Zi. | Obala M. Tita 35 | Tel. 051 86 79 00 | www.vilatamaris.com | €€€)*.

FREIZEIT & STRÄNDE

Lošinj ist ein Wanderparadies mit gut markierten Wegen. Sie können beispielsweise in etwa einer Stunde auf einer schattigen Promenade von Mali nach Veli Lošinj spazieren oder aber den 588 m hohen Inselberg ☀ *Televrina* besteigen. Der etwa dreistündige Weg von Nerezine oder Osor bergauf wird mit einem herrlichen Blick übers Archipel belohnt.

Einen guten Ruf hat die deutschsprachige *Windsurf- und Katamaran-Schule Sunbird (Tel. 095 8 37 71 42 | sunbird.de)* an der Čikat-Bucht. Die geschützte Bucht ist außerdem Basis des INSIDER TIPP ▶ *Kajak-Centers Croyak (Mitte Mai–Mitte Sept. tgl. 8–18 Uhr | Tel. 098 9 23 10 34 | www.*

INSELN KVARNER-BUCHT

croyak.com), bei dem Sie begleitete Exkursionen mit Seekajaks unternehmen oder eines ausleihen können.

VERKEHR/ SCHIFFSVERBINDUNGEN

Linienbusse fahren von *Mali Lošinj* auf die *Insel Cres;* einige setzen von dort mit der Fähre aufs istrische Festland über. Fährschiffe verbinden *Lošinj* mit den vorgelagerten Inseln *Susak, Unije* und *Ilovik (www.jadrolinija.hr).*

AUSKUNFT

TOURISMUSVERBAND MALI LOŠINJ
Riva Lošinjskih Kapetana 29 | Tel. 051 23 18 84 | www.tz-malilosinj.hr

ZIEL IN DER UMGEBUNG

SUSAK (138 A5) (*J11*)
Die südwestlich von Lošinj liegende, 3,7 km² kleine Insel ist eine geologische Besonderheit im Archipel: Sie verfügt über richtige Sandstrände. Die beiden Inselorte *Donje* und *Gorje Selo* verbindet ein *Treppenweg.* In Gorje Selo scharen sich kleine Steinhäuschen um die *Pfarrkirche St. Nikolaus,* in der ein kostbares, 4 m hohes Kruzifix gehütet wird: **INSIDER TIPP** *Veli Buoh,* der „große Gott", aus dem 12. Jh. Wenige Schritte von der Kirche entfernt serviert man in der *Konoba Barbara (Susak 603 | Tel. 051 23 91 28 | €)* Lamm und Kalamari. Mehrmals täglich fahren Schiffe *(www.jadrolinija.hr)* von *Mali Lošinj* nach Susak.

PAG

(139 D–F 3–6) (*M–P 10–13*) **Pag steht für den aromatischen Schafskäse *Paški sir,* für filigrane Spitzendeckchen und Salz. Dazu gesellt sich eine Reihe attraktiver Feinkiesstrände. An dem berühmtesten Partystrand Kroatiens, Zrće bei Novalja, geben sich den Sommer über die besten internationalen DJs die Klinke in die Hand.**

Auch auf Lošinj gilt: Speisen mit Blick aufs Wasser steigert den Genuss

92 | 93

PAG

Schmal und lang gezogen liegt Pag vor den steilen Hängen des Velebit-Gebirges ganz nah an der Festlandsküste. Wer über die Brücke im Süden auf die Insel fährt, sieht zunächst nur magere, von Steinmauern eingezäunte Schafsweiden. Pag ist den Windstößen der Bora besonders stark ausgesetzt.

ORTE AUF PAG

INSIDER TIPP HALBINSEL LUN
(139 D–E 3–5) (*M10–11*)

Rund 20 km lang, aber selten mehr als einen breit ist die Halbinsel, die von Novalja nach Nordwesten zur Insel Rab weist. Kalkstein, etwas Macchia, wild weidende Schafe und von den Windstößen der Bora gebeugte Olivenbäume verleihen der Landschaft archaische Züge. Auf der rund 23 km² großen Landzunge wachsen über 1500 wilde Olivenbäume von teils biblischem Alter. Die Menschen verdienen als Olivenbauern und Fischer ihren Unterhalt oder vermieten Ferienwohnungen.

Schilder mit der Aufschrift *sobe,* Zimmer, sehen Sie hier mindestens ebenso häufig wie jene, auf denen *sir,* Käse, angeboten wird. Pager Käse gilt in ganz Kroatien als besondere Delikatesse. Wenn Sie die Landschaft mögen, sollten Sie ein Zimmer mieten oder im *Luna Island Hotel (96 Zi. | Jakišnica | Tel. 052 46 51 00 | www.valamar.com | €€)* absteigen, das oberhalb eines Felsstrands liegt.

NOVALJA (139 E5) (*M11*)

Die lebhafte Stadt (3500 Ew.) an der Nordwestküste ist Kristallisationspunkt von Pags Badetourismus; eine Reihe attraktiver Strände mit Hotels, Restaurants und Campingplätzen säumen die Bucht. Novaljas historisches Erbe ist unter der Oberfläche verborgen. In römischer Zeit wurde die Stadt mittels eines 1 km langen, INSIDER TIPP unterirdischen Aquädukts mit Wasser versorgt. Der Eingang zu dem 2000 Jahre alten, mannshohen Bauwerk ist im *Museum (Juni–Okt. Mo–Sa 9–13, 18–22, So 18–22 Uhr | Eintritt 15 Kuna | Ul. Kralja Zvonimira 27 | muzej.novalja.hr)* von Novalja zu besichtigen, das darüber hinaus eine interessante archäologische und volkskundliche Sammlung ausstellt. Für ein romantisches Abendessen mit Fisch und Meeresfrüchten empfiehlt sich das *Restaurant Kaštel (Trg Loža 6 | Tel. 053 66 15 39 | €€).* Etwas außerhalb und unweit des ehemaligen Fischerorts Stara Novalja verbirgt sich das ● INSIDER TIPP *Hotel-Restaurant Boškinac (8 Zi. u. 3 Apts. | Novaljsko Polje | Tel. 053 66 35 00 | www.boskinac.hr | €€–€€€),* eine Oase der Ruhe: Von seiner Terrasse blicken Sie über Weinberge und Felder, speisen fantasievoll variierte, mediterrane Gerichte und genießen Wein aus der hauseigenen Kellerei. Auch die modern eingerichteten Zimmer sind ein Genuss.

Novaljas Hauptstrand *Zrće* ist im Sommer fest in der Hand der Techno- und House-Szene. Bekannte kroatische Diskotheken

INSELN KVARNER-BUCHT

unterhalten hier Dependancen; hinzu kommen Clubs wie das auf verschiedenen Plattformen über dem Wasser erbaute *Noa Beach* oder das *Papaya.* Über Clubs, Programm und DJs informiert *www.zrce.eu.* Auskunft: *Touristeninformation | Obala Petra Krešimira IV. | Tel. 053 66 14 04 | www.tz-novalja.hr*

PAG-STADT ★ (139 F6) (*O12*)

Rechtwinklig kreuzende Straßen und Gassen und ein großzügiger Stadtplatz im Zentrum – die friedvolle Inselhauptstadt Pag (3400 Ew.) könnte auf römischem Grundriss entstanden sein. Doch nicht Rom, sondern der dalmatinische Renaissancebaumeister Juraj Dalmatinac ist für die Stadtanlage verantwortlich. 1443 erhielt er den Auftrag, eine neue Stadt zu planen, weil das alte Pag nach einer Epidemie aufgegeben wurde. Dalmatinac nahm sich die Antike zum Vorbild und entwarf 1 km weiter nördlich das neue Pag, dessen Renaissanceanlage bis heute wunderbar erhalten ist. Vom alten Ort steht nur noch die romanische *Kirche St. Georg.* Ihr zu Füßen erstreckt sich die größere der beiden *Pager Salinen.*

Sakraler Mittelpunkt der neuen Stadt ist die Renaissancekirche *Sv. Marija,* deren Fassade eine Rosette nach dem Vorbild der auf Pag beliebten Spitzenmuster schmückt. Dem Gotteshaus gegenüber erhebt sich ein repräsentativer *Renaissancepalazzo* als Sitz weltlicher Macht. Interessant sind auch die Überreste der Stadtmauer wie der *Wehrturm Kula Skrivant* (15. Jh.). In mehreren Geschäften oder aber direkt bei den Spitzenstickerinnen, die Verkaufsstände vor ihren Häusern aufbauen, können Sie Spitzendeckchen kaufen.

Am Hafen lädt die rustikale *Konoba Barcarola (Šetalište V. Nazora 12 | Tel. 098 9 41 28 01 | €€)* zu Meeres- und Fleischspezialitäten. Das *Dva Ferala (Katine | Tel 023 61 26 93 | €–€€)* ist berühmt für sein Lamm vom Holzkohlengrill. Die besten Feinkiesstrände liegen nördlich der Altstadt und fallen sanft ab. Dort steht auch das *Hotel Pagus (116 Zi. | Šetalište A. Starčevića 1 | Tel. 023 61 13 10 | www.hotel-pagus.hr | €€)* mit angenehmen Zimmern. Auskunft: *Touristeninformation Stadt Pag | Trg Petra Krešimira | Tel. 023 61 12 86 | www.tzgpag.hr*

Pag: fast 60 km lang, aber schmal – da warten ungezählte Buchten mit flachen, weißen Kiesstränden

PAG

EINKAUFEN

SIRANA GLIGORA

In der Käserei reift der berühmte Pager Käse zur Vollkommenheit. Hier bekommen Sie ihn allerdings nur in ganzen Laiben. Kleinere Packungsgrößen finden Sie in den Supermärkten in Novalja oder Pag. *Tgl. | Figurica 20 | Kolan | Tel. 023 69 80 52 | www.gligora.com*

FREIZEIT & STRÄNDE

14 Routen von insgesamt über 100 km Länge sind für Wanderer und Mountainbikefahrer markiert. Eine kostenlose Karte hat die Tourist-Information. Tauchkurse und -exkursionen organisiert *Lagona Divers Pag (Pansion Mama | Livic 85 | Tel. 098 163 10 08 | www.lagona-divers-pag.com)* in Stara Novalja.

VERKEHR/SCHIFFSVERBINDUNGEN

Sie können Pag per Schiff, aber auch mit dem Auto erreichen. Eine Fährverbin-

dung führt von *Prizna* (Festland) nach *Žigljen* (Pag); außerdem pendelt ein Katamaran von *Novalja* nach *Rab* und *Rijeka* (beide www.jadrolinija.hr) sowie von *Tovarnele* (Halbinsel Lun) nach *Rab* (www.rapska-plovidba.hr). Darüber hinaus führt eine Brücke von der südlichsten Spitze Pags hinüber auf das Festland.

GEIER UND SCHAFZUCHT

Noch vor 100 Jahren kreisten Gänsegeier über der gesamten Kvarner-Inselwelt und über Istrien; heute haben auf Cres 70 Paare, auf Krk 18 und auf den Inselchen Plavnik und Prvić 20 bzw. 15 Paare überlebt. Nachdem die extensive Schafzucht in der Region aufgegeben wurde, gab es große Probleme für die Geierpopulation, denn die Vögel ernährten sich von verendeten Tieren. Als die Schutzorganisation *Caput Insulae* in den 1980er-Jahren mit ihrer Arbeit in Beli begann, gab es auf Cres nur noch 20 nistende Paare; heute ist die Zahl wieder auf über 80 gestiegen. Die Umweltaktivisten legten unter anderem Kadaver als Futter aus, retteten verunglückte Tiere, pflegten sie gesund und wilderten sie anschließend wieder aus. Besucher hatten die Möglichkeit, sich über die Arbeit zu informieren und die Vögel in ihren Volieren zu sehen. Ob und wo das 2013 überraschend geschlossene Zentrum seine Arbeit fortsetzt, darüber informiert es auf *www.supovi.hr*.

INSELN KVARNER-BUCHT

Ansehnlicher An- und Abreiseort für Pag-Besucher: Vom Hafen in Novalja geht es nach Rab und Rijeka

AUSKUNFT

TOURISMUSVERBAND PAG
Trg Petra Krešimira | Pag | Tel. 023 61 12 86 | www.tzgpag.hr

RAB

(139 D–E 2–3) (*L–M 8–9*) **Aus der Luft wirkt Rab wie ein Hummer, dessen Scheren nach Nordwesten weisen.**
Dem Festland zeigt es vom Wind abgeschliffenen Fels; dahinter verbergen sich Gemüsefelder, Olivenhaine, Weinstöcke und Steineichenwälder. Unbestritten ist Rab die Insel mit der schönsten Hauptstadt. Bereits Ende des 19. Jhs. kamen erste Touristen. König Edward VIII. von England und Wallis Simpson ließen 1936 an einem Strand gar alle Hüllen fallen.

ORTE AUF RAB

LOPAR (139 D2) (*M8*)
Die Siedlung an der Nordostküste ist mit einem wunderbaren Sandstrand an der halbkreisförmigen Rajska-Bucht gesegnet, in deren Mitte dekorativ ein Inselchen dümpelt. Viel mehr gibt es nicht zu sehen – Hotels, Apartmenthäuser, Campingplätze teilen sich das vegetationsarme Terrain. Wer mit dem Boot unterwegs ist oder gerne wandert, kann die kleinen Sandbuchten rund um die Halbinsel Lopar entdecken, die fast alle fest in der Hand der FKK-Gemeinde sind. Unterkunft in Apartments und Privatzimmern vermitteln die vor Ort ansässigen Reiseagenturen.
Auskunft: *Tourismusverband Lopar | Tel. 051 77 55 08 | www.lopar.com*

RAB-STADT ★ (139 D3) (*M9*)
Die charakteristische Silhouette von Rab (440 Ew.) mit seinen vier am höchsten Punkt einer Landzunge hintereinander gestaffelten Kirchtürmen ist eins der beliebtesten Fotomotive Kroatiens. Der alte Stadtpark, der Altstadt und Hafen umschließt, wurde im 19. Jh. gepflanzt. Drei Gassen, die *Donja* (untere), *Srednja* (mittlere) und *Gornja* (obere) *Ulica* durchqueren die noch größtenteils mau-

96 | 97

RAB

erumgürtete *Altstadt* von West nach Ost. Vor allem die *Srednja Ulica*, eine lebhafte Einkaufsstraße mit Geschäften, Eisdielen und Cafés, säumen *Palazzi* aus dem 15./16. Jh. Eine zierliche *Renaissanceloggia* und der städtische *Uhrturm* schließen sie ab. Von hier gelangen Sie auf den großzügigen Platz *Trg Municipium Arbe*: Das ehemalige römische Forum öffnet sich von Cafés gesäumt zum Hafen.

können ihn besteigen und die Aussicht genießen. *Sv. Križa* (Heiligkreuz) stammt aus dem 13. Jh., wurde im 18. Jh. barockisiert und wird als Konzertsaal für Musikabende genutzt. Gleich darauf folgt *Sv. Justina*, im 16. Jh. gegründet und mit roséfarbener Zwiebelkappe geschmückt. Neben der Kirche weitet sich die Gasse zu einem hübschen Platz. Eine Treppe führt hinunter zum beliebten

Torbögen, Innenhöfe, Treppchen – vielfältige Ein-, Aus- und Durchblicke in Rabs Altstadtgassen

Der romantische ● *Stadtpark Komrcar* mit uraltem Baumbestand lädt zu einer Pause im Kühlen. Die Wege mäandern bergauf zum *Kastell* mit dem eindrucksvollen ☼ *Christophorus-Turm* (12. Jh.). Und hier erwartet Sie nun schließlich jener Blick, der Rab berühmt gemacht hat: die vier hintereinander stehenden Kirchtürme. Das erste Gotteshaus an der Gornja Ulica, *Sv. Kristofor,* im 14. Jh. erbaut, dient heute als Lapidarium. Ein paar Schritte weiter reckt *Sv. Ivan Evangelista* (11 Jh.) seinen romanischen ☼ *Campanile* 20 m in die Höhe. Sie

INSIDER TIPP ▶ *Euphemia-Strand*. Das nun folgende Gotteshaus, *Sv. Andrije*, wurde Anfang des 11. Jhs. gebaut und später barockisiert; der Turm stammt von 1181. Den Abschluss bildet die im 12. Jh. geweihte ehemalige *Kathedrale*. Ihre Fassade dekorieren Streifen aus zweifarbigem Stein. Eine gotische *Pietà* schmückt die Lünette über dem Portal und der hohe *Glockenturm* gilt als eins der schönsten romanischen Bauwerke an der Ostadria.

Beim Bummel durch die drei Gassen und ihre steilen Querverbindungen ist

INSELN KVARNER-BUCHT

der besondere Charme dieser Stadt mit ihren Kellerkneipen, begrünten Innenhöfen, Tordurchgängen und Läden allgegenwärtig. Gönnen Sie sich eine **INSIDER TIPP** Waffel Eis; die *gelatieri* von Rab haben einen hervorragenden Ruf! Ein typisches Kellerlokal ist die *Konoba Rab (Kneza Branimira 3 | Tel. 051 72 56 66 | €€).* Ihre Spezialität ist ein Kutteleintopf, aber Sie bekommen hier natürlich auch Grillgerichte und Fisch. Blick auf den Hafen von oben bietet die ☼ Terrasse des *Restaurants Astoria (Dinka Dokule 2 | Tel. 051 77 48 44 | www.astoria-rab.com | €€€).* In elegantem Ambiente wird wunderbare Fischküche zelebriert. Nicht nur der fantastischen Aussicht über die Kvarner-Inseln und das Velebit-Gebirge auf dem Festland wegen kommen die Gäste ins ☼ *Kamenjak (Anfahrt ca. 4 km mit dem Auto auf Schotterstraße | Banjol 286a | Tel. 098 9 73 31 70 | www.kamenjak-rab.com | €€)* auf dem gleichnamigen höchsten Gipfel (408 m) der Insel. Spezialitäten wie das Schmorfleisch *rapska pašticada* schmecken in der frischen Höhenluft noch mal so gut.

☺ *Natura Rab (Barbat 677)* hat Honig, Lavendel und andere Naturprodukte aus ökologischem Anbau im Angebot. Nicht weit entfernt pflegt ☺ *Rab Pur (Barbat 406 | Tel. 051 72 10 78 | rab-pur.com)* den Duft- und Aromengarten *Salvia Arba.* Im Laden stehen Naturprodukte und Handarbeiten aus Schafwolle zum Verkauf. Eine **INSIDER TIPP** Paddeltour in Rabs Geschichte können Sie bei *Sea Kayak Croatia (ca. 30 Euro | auch Bootsverleih | Tel. 091 46 41 56 | www.seakayak.hr)* buchen. Bei der vierstündigen Tour umrunden Sie die Halbinsel und werden mit historischen Monumenten bekannt gemacht. Abends steht ein Besuch am *Pudarica Beach* auf dem Programm. Rabs bekannter Club *San Antonio (Trg Municipium Arba 4 | www.sanantonio-club.com)* stellt in der Saison dort Bar und DJ-Pult auf, nennt das Ganze *Santos Club (Pudarica Beach | Banjol)* und ab geht die Post. Am Puls der Stadt und in elegantem Ambiente wohnen Sie im *Hotel Arbiana (28 Zi. | Kralja Krešimira 12 | Tel. 051 77 59 00 | www.arbianahotel.com | €€€).* Der Stadtpark im Rücken, das Meer vor der Tür und absolute Ruhe sind die Pluspunkte der *Pansion Tamaris (16 Zi. u. 3 Apts. | Pali 285 | Tel. 051 72 49 25 | € − €€).*

FREIZEIT & STRÄNDE

Gut markierte Wanderwege erschließen z. B. die *Halbinsel Kalifront* mit ihrem unter Naturschutz stehenden Steineichenwald (2–3 Std.) oder führen von Rab-Stadt zum Aussichtspunkt Kamenjak (1 Std.). Bei der Tourist-Info gibt es eine kostenlose Wander- und Fahrradkarte. Die Sandbuchten um die Halbinsel Lopar sind bis auf die *Rajska Plaža* in Lopar-Ort fast ausschließlich FKK-Jüngern vorbehalten. An der Bucht von Kampor im Nordwesten erstreckt sich ein schöner Feinkiesstrand, *Punta Kampora.*

SCHIFFSVERBINDUNGEN

Von *Stinica* auf dem Festland verkehren Fähren nach *Mišnjak* im Südosten *(www.jadrolinija.hr);* eine Fähre von *Rab-Stadt* nach *Tovarnele* verbindet Rab mit der Insel *Pag (www.rapska-plovidba.hr).* Zwischen *Lopar* und *Valbiska* auf der Insel *Krk* gibt es ebenfalls eine Fährverbindung *(www.lnp.hr).* Mit dem Katamaran gelangen Sie von Rab nach *Novalja (Pag)* oder nach *Rijeka (www.jadrolinija.hr).*

AUSKUNFT

TOURISMUSVERBAND RAB
Trg Municipium Arba 8 | Rab | Tel. 051 72 40 64 | www.tzg-rab.hr

AUSFLÜGE & TOUREN

Die Touren sind im Reiseatlas, in der Faltkarte und auf dem hinteren Umschlag grün markiert

MIT DEM FAHRRAD ENTLANG DER SCHMALSPURBAHN

Rund 100 km auf der größtenteils zum Fahrradweg ausgebauten und gut markierten Trasse der historischen *Schmalspurbahn Parenzana*: Im slowenischen Teil (20 km) ist die Strecke asphaltiert und bequem mit dem eigenen Tourenrad zu befahren; im kroatischen (ca. 80 km) ist die Parenzana teils sehr rau und nur Mountainbikefahrern zu empfehlen. Zeit: 2 Tage. Zurück geht es auf gleicher Strecke oder über Umag und Savudrija entlang der Küste. Die Schmalspurbahn Parenzana von Triest nach Poreč wurde 1902 in Betrieb genommen, 1935 aber wieder eingestellt. Bei 7 Std. Fahrtdauer für knapp 120 km war sie einfach nicht effektiv. Eine original Lokomotive der alten Bahn schmückt heute den Bahnhof von **Koper** → S. 36, wo Sie die Tour am besten starten, denn die Streckenführung ab Triest ist in Italien kaum markiert. 7 km am Meer entlang parallel zur Küstenstraße sind es bis **Izola** → S. 32 mit seinem sehenswerten **Parenzana-Museum** → S. 34, dann folgt der Radweg der Straße und umgeht größere Steigungen durch die beiden Tunnel **Salletto** und **Valeta**. Auch im weiteren Verlauf sind immer wieder alte Eisenbahntunnel zu passieren. Sie sind unbeleuchtet, aber meist nur kurz, sodass die Durchquerung kein Problem darstellt. Schließlich sehen Sie **Portorož** → S. 39 mit seinen Strandcafés und Restaurants vor sich, ein guter Ort für eine erste Rast.

Bild: über den Dächern von Motovun

Auf geht's: Alten Schienen mit dem Rad folgen, en passant die Grundzüge der Glagolica lernen oder einen Abstecher nach Triest machen

Ein kurzes Stück müssen Sie anschließend auf der viel befahrenen Küstenstraße radeln, dann dürfen Sie wieder abbiegen und dem Radweg zu den **Salinen von Sečovlje → S. 41** folgen. Hier haben Sie die kroatische Grenze bei **Dragonja** erreicht (20 km). Sanft steigt der ❧ Radweg nun an. Der bequeme slowenische Belag weicht einem holprigen Untergrund, dafür sind die Ausblicke auf die Salinen fantastisch!

Nun radeln Sie durch Wald und Felder in Richtung Kaldanija, über Volpija und Buje weiter südwärts. Sollte der Magen knurren oder die Beine den Dienst versagen – die INSIDER TIPP **Casa Parenzana** *(16 Zi. | Volpia 3 | Tel. 052 77 74 60 | parenzana.com.hr | €€)* direkt an der Trasse empfiehlt sich als radlerfreundliches Familienhotel mit gutem Restaurant. Hier organisiert man Ihnen auch gern Ihre ganz individuelle Radtour inkl. Leihrad. Auch im weiteren Verlauf sind immer wieder alte Eisenbahntunnel zu passieren, und schließlich ist der ehemalige Bahnhof von **Grožnjan → S. 49** erreicht

100 | 101

(44 km). Der Bahntrassenweg führt am Künstlerstädtchen vorbei, aber ein Besuch lohnt unbedingt. Nach dem knapp 180 m langen Tunnel Kalcini senkt sich die ☀ Trasse hinunter ins Tal der Mirna – die Panoramen sind fantastisch. Links und rechts thronen winzige Städte auf Hügelkuppen; die Landschaft ist üppig und grün, kleinere Tunnels und längere Viadukte sorgen für Abwechslung, bis man schließlich bei Livade → S. 47 im Mirnatal auf 15 m Meereshöhe angekommen ist (64 km). Voraus lockt die romantische Silhouette von Motovun → S. 45 auf dem 277 m hohen Hügel – eine Herausforderung für die Kondition! Spätestens hier ist ein Übernachtungsstopp angebracht. Der ☀ **INSIDER TIPP** Abschnitt Grožnjan– Motovun ist wegen seiner Vielseitigkeit und dem relativ ebenen Verlauf auch als Tages-Genusstour geeignet, denn es sind kaum Steigungen zu bewältigen und die Ausblicke auf die beiden Bergstädtchen sind grandios!

Vorbei am alten Bahnhof Motovun und durch einen 222 m langen Tunnel wendet sich der Weg in Richtung Vižinada und wieder bergauf. Bis Vižinada folgen Sie ihm auf teils steiler Strecke durch Hügellandschaft und sind bei dem ruhigen Städtchen schließlich am höchsten Punkt (270 m) angekommen (81 km). Über Višnjan folgen nun weitgehend flache, aber immer noch auf holperiger Trasse geführte 21 km bis Poreč → S. 52.

2 GLAGOLITISCHE LESE- REISE – DER ALTEN SCHRIFT AUF DER SPUR

Eine ideale Kombination von kulturellen Highlights und Strandvergnügen erleben Sie auf dieser etwa 165 km langen Rundfahrt, die Sie zu den glagolitischen Zeugnissen auf der Insel Krk und auf die Nachbarinsel Cres führt. Lassen Sie sich ruhig drei Tage Zeit dafür! Übernachten Sie im romantischen Krk und im ländlichen Beli auf Cres.

Von Rijeka → S. 76 sind es knapp 25 km auf der Adriamagistrale bis zur mautpflichtigen Brücke zur Insel Krk. In Dobrinj → S. 86 können Sie nicht nur gut essen: Im Ort gibt es auch einen frei zugänglichen Glagolica-Park, in dem Steine mit eingemeißelten Schriftzeichen an die altkroatische Kirchenschrift Glagolica erinnern. Sie wurde in den Kirchen und Klöstern von Krk bis ins 19. Jh. gepflegt; ihre Blütezeit erlebte sie vom 12. bis 14. Jh., bevor das Lateinische sie ablöste. In Vrbnik → S. 89, berühmt für seinen spritzigen Weißwein, erinnert ein Denkmal auf dem Hauptplatz an Blaž Baromić, der im 15. Jh. in Senj eine Glagolica-Druckerei betrieb.

Nun durchqueren Sie die Insel von Nord nach Süd. Die Strecke ist gesäumt mit zeitgenössischen Steindenkmälern mit glagolitischen Schriftzeichen, die Allee der Glagoliter genannt wird. Baškas → S. 84 sandige Bucht lockt zu einer ersten Badepause. Vor der Rückfahrt nach Nordwesten steht ein Besuch der Tafel von Baška mit einer der ältesten in Kroatien gefundenen glagolitischen Inschriften auf dem Programm. Auch auf der Klosterinsel Košljun → S. 88 vor dem beliebten Ferienort Punat → S. 88 haben die Mönche glagolitische Dokumente und Inschriften bewahrt. Nach der Rückkehr von der Insel sollten Sie sich eine Pause gönnen: Die flach abfallenden Kiesstrände von Punat sind unbedingt zu empfehlen! Letztes Ziel des ersten Reisetags ist die Inselhauptstadt Krk → S. 87. Hier finden Sie Kirchen und Bastionen der Frankopanen, eines kroatischen Fürstenhauses, das die Klöster sehr förderte und auf Krk Konvente wie

AUSFLÜGE & TOUREN

Glavotok und Porat bei Malinska stiftete. Damit sicherten sie auch das Überleben und die Weitergabe der Glagolica.

Mit der Fähre *(www.jadrolinija.hr)* geht's von Valbiska (Krk) nach Merag (Cres). Nach dem fruchtbaren Krk erscheint das karge Cres zunächst enttäuschend, aber die Landschaft mit ihren uralten Steineichen, den vom Wind gebeugten Oliven und den wie ein Spinnennetz alles überziehenden Trockensteinmauern hat einen besonderen Reiz. Vorsicht auf der Fahrt hinunter nach Beli → S. 81 – die Straße ist sehr schmal! Eine einfache, aber gemütliche Pension → S. 82 bietet Unterkunft.

Der Glagolica begegnen Sie in der Kirche des Orts, wo Grabinschriften aus dem 17. Jh. erhalten sind. Dem Zauber der Tramuntana kommen Wanderer auf dem 10 km langen Rundweg Stanza Tramuntana I. nahe: Er führt von Beli zu prähistorischen Grabstätten, Steinlabyrinthen, Dorfkapellen und durch fast urwaldartigen Wald. 21 Steinskulpturen markieren den Pfad, zu dessen besserem Verständnis das im Ökozentrum erhältliche Büchlein „Tramuntana" beiträgt. Der Tag klingt am idyllischen Strand von Beli aus. Am nächsten Morgen nehmen Sie die Fähre von Porozina aufs istrische Festland.

3 TRIEST: KAFFEEHÄUSER UND KARSTKÜCHE

Triest liegt nur wenige Kilometer von der slowenisch-italienischen Grenze in seiner weiten, vom schroffen Karst gerahmten Bucht. Viele verschiedene Völker haben die Hafenstadt geprägt, beherrschend aber sind Architektur und Erbe der Donaumonarchie. Ein Tagesausflug ist unbedingt zu empfehlen!

Von Koper sind Sie auf der Autobahn binnen weniger Minuten an der Grenze zu Italien und kurz darauf in Triest. Parkmöglichkeiten finden sich entlang der Uferstraße Riva del Mandracchio, auf die Sie automatisch gelangen, wenn Sie den Schildern in Richtung *centro* folgen. Ausgangspunkt für die Stadtbesichtigung ist die monumentale Piazza dell'Unità

Pack' die Badehose ein: Der Strand von Baška auf Krk empfiehlt sich für eine Pause

Außen märchenhaft, innen schlicht: Castello di Miramare

d'Italia, die repräsentative Bauten säumen: Linker Hand der 1905 erbaute **Palazzo del Governo**, daneben der **Palazzo Stratti** von 1839 mit dem legendären Kaffeehaus **Caffè degli Specchi**, daran anschließend der 1873 von Giuseppe Bruni errichtete **Palazzo Modello**, der, wie der Name sagt, allen weiteren Bauprojekten als Modell dienen sollte. Daran hielt sich der Architekt aber selbst nicht, denn der **Palazzo del Municipio**, den er zwei Jahre danach vollendete und der die Querachse des Platzes beherrscht, wirkt wie von einem Zuckerbäcker verziert. An der rechten Platzseite reihen sich **Palazzo Pitter** (1780), das zauberhafte **Hotel Duchi d'Aosta** (1873) und der 1883 vollendete **Palazzo des Lloyd Triestino** aneinander. Die Piazza gehört zu den größten dem Meer zugewandten Plätzen der Welt und ist nicht nur im Sommer ein allabendlicher Treffpunkt der Triester. Den besten Logenplatz auf das lebhafte Treiben bieten das **Caffè degli Specchi** und die Terrasse von **Harry's Grill** *(Piazza Unità 2/1 | Tel. 0039 040 66 06 06 | www.duchi.eu | €€€)*, dem wohl besten Restaurant in der Innenstadt. Der junge Meisterkoch Massimo Sperli kombiniert ganz in der Tradition der kosmopolitischen Hafenstadt die Produkte des Karsts – wilden Spargel, Pilze, Fleisch – kreativ mit den Gaben des Meers.

Südwestlich der Piazza, zwischen **Via Diaz** und **Via Cavour**, hat der älteste Teil Triests eine erstaunliche Verwandlung durchgemacht. Wo früher streunende Katzen um Hausruinen schlichen, bummeln die Leute vorbei an Boutiquen, schicken Restaurants und Edelimbissen. An der **Piazza Hortis** steht ein Denkmal des Schriftstellers Italo Svevo (1861–1928), der im Kulturleben Triests eine wichtige Rolle spielte. Das nahe **Museo Revoltella** *(Sommer Sa–Mo 10–19, Do/Fr 10–23 Uhr, sonst Mi–Mo 10–19 Uhr | 6,50 Euro | Via*

AUSFLÜGE & TOUREN

Diaz 27) zeigt moderne Kunst im großbürgerlichen Ambiente des 19. Jhs.

Die **Via delle Mura** bergauf gehend, erreicht man das römische Stadttor **Arco di Ricardo** (1. Jh. v. Chr.) und dahinter das leider meist verschlossene romanische Kirchlein **San Silvestro** neben der barocken **Santa Maria Maggiore**. Die **Via della Cattedrale** endet unterhalb des **Castello San Giusto** bei der ★ **Cattedrale di San Giusto**, deren Baugeschichte bis ins 5. Jh. zurückreicht. Heute präsentiert sie eine Fassade aus dem 14. Jh. mit wuchtigem **Campanile**. Im Inneren entfaltet das fünfschiffige Gotteshaus seine Pracht im goldglänzenden Apsismosaik (12. Jh.), das Maria mit dem Kind über die Reihe der Apostel setzt. Das **Castello** (13.–17. Jh.) oberhalb der Kirche war unter allen Herren Triests schwer umkämpft. Zurück am Meer und nördlich der Piazza Unità lohnt ein Bummel entlang des **Canal Grande** und durch die Einkaufsstraßen nördlich davon zur **Piazza Oberdan**, wo die Standseilbahn nach **Opicina** auf dem Karst oberhalb Triests startet – eine amüsante Ausflugsfahrt. Wenn Sie lieber eine Pause à la Trieste einlegen möchten: In der Nähe wartet ein typisches Triester Buffet, das **Buffet da Giovanni** *(So geschl. | Via Lazzaro 14 | Tel. 0039 040 63 93 96 | €)*, mit aromatischem, in Brotteig gebackenem Karstschinken und Deftigem wie geräuchertem Schweinebauch auf hungrige Gäste. Oder aber Sie besuchen die ehrwürdige **Libreria Umberto Saba** *(Via Nicolò 30)*, die älteste Buchhandlung der Stadt.

Zum **Castello di Miramare** *(Di–So 9–19, Mo 14–19 Uhr | 4 Euro | 9 km auf der Küstenstraße nach Nordwesten)* können Sie mit dem Auto fahren. Erzherzog Maximilian ließ das Märchenschloss 1858 erbauen und legte eigenhändig den großen, mit exotischen Gewächsen bepflanzten Garten an. 1864 verließ Maximilian diesen idyllischen Ort, um Kaiser von Mexiko zu werden. 1867 wurde er dort von Aufständischen gefangen genommen und hingerichtet. Sein erstaunlich schlicht eingerichtetes Schloss, der schöne Park, vor allem aber der herrliche Blick über die Küste machen diesen Ort zu etwas ganz Besonderem. Den Ausflug nach Triest beschließen Sie mit dem Besuch des berühmten **Caffè Tommaseo** *(Piazza Tommaseo 4/c)*, eingerichtet wie ein Wiener Kaffeehaus und erfüllt von Nostalgie.

Wiener Jugendstil in Reinformat: Das Caffè Tommaseo ist das älteste Kaffeehaus von Triest

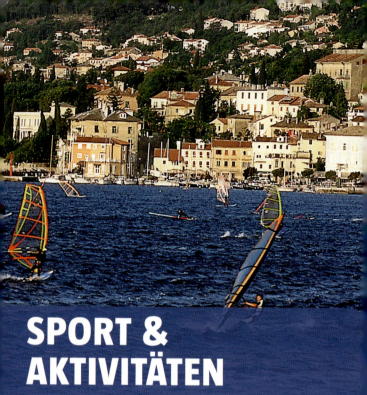

SPORT & AKTIVITÄTEN

Eine vielfältig gegliederte Küste und glasklares Meer – die Bedingungen für einen Badeurlaub und darüber hinaus wohl jede Art von Wassersport sind in Istrien und am Kvarner-Golf ideal. Andererseits – es gibt noch so viele andere Freizeitmöglichkeiten an dieser Küste wie auch im Hinterland, dass es viel zu schade wäre, die Ferien ausschließlich am Strand zu verbringen.

BOOTFAHREN

Ausflüge mit Motorbooten, teils auch mit historischen Segelschiffen, können Sie in allen Ferienorten entweder bei den Reiseagenturen oder direkt am Schiff buchen. Meist geht's zu attraktiven Zielen in der näheren Umgebung, und zum Lunch wird ein Fischpicknick organisiert. Wer ein Boot lieber selbst steuern möchte und auch einen Bootsführerschein besitzt, kann es tageweise mieten, so z. B. in Novigrad *(Rent a Boat 135 HP | 170 Euro/Tag | Tel. 095 8 24 38 88)*.

GEOCACHING

Schnitzeljagd mit GPS-Technik erfreut sich auch in Istrien wachsender Beliebtheit. Die GPS-Koordinaten der in der Region versteckten *caches* finden Sie im Internet auf den entsprechenden Websites, z. B. auf www.geocaching.com. Die Besitzer der Apartments *Turm Krk* unterhalten deutschsprachige Geocaching-Seiten auf www.turm-krk.de mit *caches* auf der Insel Krk.

Bild: Surfer vor Opatija

Viele Urlauber kommen nach Istrien zum Wassersport – doch wie wär's mit Reiten, Biken oder Klettern?

GOLF

Mit dem Rasensport geht es in der Region nicht recht voran. Neben den beiden traditionellen Golfplätzen im slowenischen *Lipica (9 Loch | Par 73 | Greenfee werktags 26 Euro | Tel. 05 7 39 17 24 | www.lipica.org)* und auf der kroatischen Insel *Veli Brijuni (18 Loch | Par 71 | Greenfee werktags 400 Kuna | Tel. 052 52 58 83 | www.brijuni.hr)* wurde trotz vieler Projekte bislang nur eine einzige moderne Anlage eröffnet: *Golf Adriatic (18 Loch | Par 73 | Greenfee wochentags 400 Kuna | Alberi 300a | Tel. 052 70 71 00 | www.golf-adriatic.com)* bei Savudrija. Golf Adriatic wird mit seiner Anlage selbst anspruchsvollsten Spielern gerecht. Die Greens in Lipica und Brijuni gelten als außerordentlich schön angelegte und gut gepflegte Plätze.

KAJAKFAHREN/ STAND-UP-PADDLING

Diese stillen und besonders 🌱 umweltverträglichen Sportarten erfreuen sich

106 | 107

immer größerer Beliebtheit. Was gibt es Schöneres, als nahezu lautlos die Küste entlang und in versteckte Buchten zu paddeln!

Seekajaks werden mittlerweile in den meisten Ferienorten verliehen. Die Kajakbasis der *Tauchschule (Correct Diving | Brzac 33 | Tel. 051 86 92 89 | www.correct-diving.com)* in Glavotok auf der Insel Krk verleiht nicht nur Boote, sondern veranstaltet auch Tagestouren. *Istrian Kayak Adventures (Carera 69 | Tel. 095 8 38 37 97 | kayak.com.hr)* in Rovinj organisiert Halb- und Ganztagsexkursionen durch das Rovinjer Inselarchipel oder in den Lim-Fjord.

In vielen Kajakschulen werden inzwischen auch Stand-up-Paddling-Kurse angeboten, so in der *Windsurfstation (BI Village | Dragonja 115 | www.windsurfstation. com)* bei Fažana.

KLETTERN

Sloweniens berühmteste *Freeclimber-Wand* (195 Routen) befindet sich oberhalb des Dörfchens Osp nicht weit von Koper. Klassische Kletterziele in Istrien und Kvarner sind die Felswände eines ehemaligen venezianischen Steinbruchs (über 80 Routen) auf der Halbinsel Zlatni Rt bei Rovinj, die Felsnadeln über dem Thermalbad Istarske Toplice (13 Routen), die bis zu 30 m hohe Felswand Raspadalica bei Buzet (30 Routen), bis zu 25 m hohe Wände oberhalb des Lim-Fjords (60 Routen) sowie bei Dvigrad (63 Routen) und schließlich Vranjska Draga unterhalb des Učka-Massivs (über 50 Routen sowie der 100 m hohe Great Tower). Auch auf den Inseln wird geklettert, so in der Nähe von Baška auf der Insel Krk (etwa 60 Routen, *www.climbinbaska. com*). Beste Zeiten fürs Klettern sind Frühjahr und Herbst. Im Hochsommer sollte man besser davon absehen.

RADFAHREN

Frühjahr und Herbst sind ideale Reisezeiten für Radtouren in Istrien und im Kvarner-Golf. Besonders die Rad- und Mountainbike-Strecken in Istrien sind gut ausgebaut und markiert; ein Klassiker ist das Radeln entlang der aufgelassenen Trasse der *Schmalspurbahn Parenzana (s. S. 100)*. Die Broschüre *Istra Bike* empfiehlt und beschreibt schöne Strecken, deren Profile und dazugehörige Informationen Sie von der Website *www.istria-bike.com* herunterladen können.

Auf den Kvarner-Inseln sind ebenfalls Radtouren ausgewiesen und beschrieben. Die Broschüren bekommen Sie kostenlos in den Tourist-Infos oder als PDFs auf den jeweiligen Seiten der Tourismusämter. Immer beliebter werden kombinierte Schiffs-/Radtouren im Kvarner-Golf, die verschiedene Veranstalter *(www.wikinger-reisen.de, www.kroatien-idriva.de)* im Programm haben.

REITEN

Wohl jeder Pferdefreund möchte einmal im Leben einen reinrassigen Lipizzaner reiten. Im slowenischen Lipica wird dieser Traum wahr. Sowohl Anfänger als auch erfahrene Reiter können im *Gestüt* Reitstunden individuell oder in der Gruppe nehmen. Wichtig ist, dass Sie Ihre Stunden oder den gewünschten Kurs per Online-Formular reservieren *(z. B. 3-Stunden-Anfängerkurs am Wochenende 108 Euro | www.lipica.org)*. Auf der *Ranch Barba Tone (Reiten ca. 100 Kuna/ Std. | Manjadvorci 60 | Tel. 052 58 04 46 | www.barbatone.com)* bei Pula erleben Anfänger wie Fortgeschrittene auf Pferderücken ungewöhnliche Abenteuer, so Schwimmen im Meer oder die Besichtigung einer Tropfsteinhöhle. Auch mehrtägige Exkursionen sind im Programm.

SPORT & AKTIVITÄTEN

Taucherbrille auf und Flossen an – Schnorchelspaß gibt's auch ohne teure Ausrüstung

TAUCHEN

Istriens Unterwasserwelt ist wegen der felsigen Topografie besonders vielfältig. Höhlen, Tunnel, Steilwände dienen u. a. Seebarschen, Goldbrassen, Drachenköpfen, Tintenfischen, diversen Korallen, Gorgonien und Schwämmen als Lebensraum. Schiffswracks können erkundet werden und mit Glück begegnen Sie beim Tauchen sogar Delphinen und Seeschildkröten. Zu den bedeutendsten Wracks gehört das 1914 vor Rovinj auf eine Mine gelaufene Passagierschiff *Baron Gautsch.* Hier dürfen Sie, ebenso wie im *Unterwasser-Nationalpark der Brijuni-Inseln,* nur in Begleitung von Führern tauchen, die eine Genehmigung für diese besonderen Tauchspots besitzen.

Eine Vorstellung der Wracks und Riffe um Istrien enthält die Broschüre *Istra Diving,* die kostenlos bei den Tourist-Infos erhältlich ist oder von der Website *www.istra.hr* heruntergeladen werden kann. Dort finden Sie auch eine Auflistung der Tauchzentren.

Einer der wenigen Tauchspots der Region, die ganz ohne Bootslärm und Treibstoffverbrauch vom Strand aus zu erreichen sind, ist das INSIDER TIPP Hausriff von *Diving Beli* (www.diving-beli.com) auf der Insel Cres. Getaucht wird bis in 40 m Tiefe, wo man manchmal sogar majestätischen Rochen begegnet. Wollen Sie unabhängig und ohne Tauchleiter unter Wasser gehen, benötigen Sie dafür eine Genehmigung, die mit 2400 Kuna zu Buche schlägt.

WIND- UND KITESURFEN

Vor allem die Südspitze Istriens um Medulin und Premantura gilt als gutes und anspruchsvolles Windsurfrevier. Auch im Kvarner können erfahrene Wind- und Kitesurfer auf den Wellen tanzen, so in der Bucht Preluk bei Volosko (Opatija), in Baška und Punat auf der Insel Krk oder an der Čikat-Bucht auf Lošinj, wo sich die deutschsprachige Windsurfschule *Sunbird* (Tel. 095 8 37 71 42 | sunbird.de) befindet.

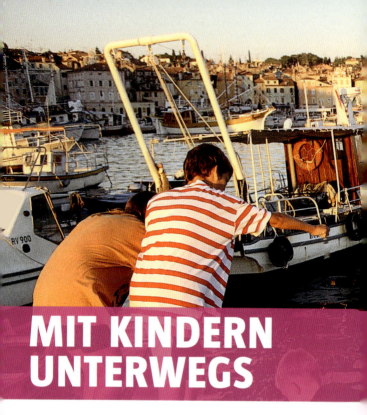

MIT KINDERN UNTERWEGS

Sonne und Meer – diese Voraussetzungen für erholsamen Familienurlaub bieten Istrien und der Kvarner-Golf im Übermaß. Allerdings fehlt vielerorts der bequeme Strand, denn die Küste ist felsig, und Kies- oder Sandbuchten sind rar. Ein Nachteil? Weit gefehlt – über Felsen zu klettern, in Gumpen nach Krebsen zu suchen, Höhlungen zu erforschen, bizarr geformte Steine zu sammeln ist doch viel spannender als das ewige Sandburgenbauen. Um an der kroatischen Küste glücklich zu werden, brauchen Kinder dreierlei: Badeschuhe, die sie vor scharfkantigen Steinen wie Seeigeln schützen, einen Kescher, um kleines Meeresgetier einzufangen (und es wieder auszusetzen), und einen Eimer, in dem sie es beobachten oder schöne Steine und Muscheln aufbewahren können. Ziehen Sie Kies- oder Sandstrand vor, sollten Sie die Ferien in Portorož, Crikvenica, auf Lošinj (Čikat-Bucht), Krk (Baška, Malinska) oder Rab (Lopar) verbringen. Wird es am Meer langweilig, bietet die Region viele Möglichkeiten für ein Alternativprogramm.

SLOWENISCH-ISTRIEN

LAGUNA BERNARDIN ●
(132 A4) (*E3*)
Der über 1000 m² große Aquapark ist ein Ausflugsziel für Schlechtwettertage. Im Familienbereich halten Rutschen, Planschbecken und Whirlpools große wie kleine Badegäste auf Trab. *Tgl. 7–20 Uhr | 2 Std. Kinder 5,50, Erw. 7 Euro | Obala 2 | Portorož | www.h-bernardin.si*

Bild: Hafen von Rovinj

Ein Riesenspaß für Kinder: edle Pferde, Delphine und Katzenhaie, Wasserparks und Höhlen

LIPIZZANERGESTÜT LIPICA
(132 C2) *(F1)*
Weiße Lipizzanerstuten weiden unter Linden auf den sattgrünen Wiesen des Gestüts; die grauen Fohlen weichen nicht von der Seite der Mütter. Für pferdebegeisterte Kinder ist der Ausflug nach Lipica ein Höhepunkt der Ferien. Planen Sie ihn so, dass Sie auch einer Vorführung der Klassischen Reitschule beiwohnen können! Als Extra gibt's eine Kutschfahrt, bei der die Kleinen vielleicht sogar die Zügel halten dürfen. *Klassische Reitschule April–Okt. Di, Fr, So 15 Uhr | Kinder 9,50, Erw. 19 Euro (inkl. Besichtigung) | Kutschfahrt 15 Min./14 Euro | www.lipica.org*

KROATISCH-ISTRIEN

AQUARIUM PULA ● (136 C5) *(F8)*
Es gibt mehrere Aquarien in den istrischen Küstenorten; interessant bei dem in Pula sind nicht nur die moderne, artgerechte Präsentation und die Artenvielfalt, sondern auch der Bau, in dem das Aquarium untergebracht ist. Die

Dinozähne? Grottenolm-Burgen? Die Tropfsteine der Höhle Baredine füttern die Fantasie

INSIDERTIPP kreisrunde *Festung Verudela* war Teil des austroungarischen Verteidigungssystems für den Hafen Pula, das aus 28 Bastionen bestand und in den 1880er-Jahren erbaut wurde. Spannend also von außen für größere Kinder, von innen für alle. Übrigens gehört zum Aquarium ein 🙂 Zentrum, das sich um Pflege und Auswilderung verletzter Meeresschildkröten kümmert. *Okt.–März tgl. 10–16, April, Mai, Sept. 10–18, Juni–Aug. 9–22 Uhr | Eintritt Kinder 50, Erw. 60 Kuna | www.aquarium.hr*

DINOS AUF KAMENJAK
(136 C6) (*G9*)

Dass auf der Halbinsel Kamenjak bei Medulin einmal Dinosaurier lebten, ist anhand mehrerer paläontologischer Fundstellen dokumentiert. Gleich an der Zugangsschranke beginnt der 600 m lange *Dino-Pfad,* auf dem Minisaurier Grako den Weg zu versteinerten Fußspuren am Meer weist.

HÖHLE BAREDINE (132 B6) (*E5*)

Höhlenabenteuer nur 8 km von Poreč entfernt. Baredine zählt zu den spannendsten Schauhöhlen Kroatiens und regt mit ihren wundersam geformten Tropfsteinen die Fantasie der Kinder an. In einem kleinen See lebt der geheimnisvolle Grottenolm, den die Einheimischen wegen seiner Gestalt Menschenfisch nennen. *Tgl. April, Okt. 10–16, Mai, Juni, Sept. 10–17, Juli, Aug. 9.30–18 Uhr | Eintritt Kinder 35 Kuna, Erw. 60 Kuna | Nova Vas bei Poreč | www.baredine.com*

Am *Kletterfelsen Speleolit* (nach Vereinbarung unter Tel. *092 110 00 70 | Kinder 40, Erw. 50 Kuna | speleolit.com*) neben dem Höhleneingang lernen Kinder und Erwachsene unter kundiger Anleitung die Grundtechniken des Höhlenkletterns. Danach könnte eine richtige Herausforderung folgen: Klettern und Abseilen *(Kinder 290, Erw. 390 Kuna)* in einer 35 m tiefen Höhle, ausgestattet mit Overall, Helm, Stirnlampe und Klettergeschirr.

MIT KINDERN UNTERWEGS

Sehenswert ist übrigens auch die Frei-
luftausstellung *Traktor Story (Öffnungs-
zeiten wie Höhle | Eintritt Kinder 20, Erw.
30 Kuna | www.traktorstory.com)* neben
dem Höhlengelände. Über 50 historische
Traktoren dokumentieren die technische
Entwicklung in der Landwirtschaft.

KINDERTAUCHEN (136 A3) *(⌖ E6–7)*

Tauchen mit Maske und Flasche? Auch
Kinder können das schon lernen. Die
Tauchschule Puffer auf der Insel *Crveni
otok* vor Rovinj übt mit Kindern zwischen
acht und zehn Jahren im Pool und in bis
zu 1,5 m Tiefe *(450 Kuna)*. Mit über zehn
Jahren geht's dann nach der Einweisung
im Pool zum Schnuppertauchen *(1100
Kuna)* in bis zu 5 m Tiefe. Die Ausbildung
zum *Open Water Diver (2999 Kuna)* steht
Teens ab 12 Jahren offen. Die Tauchbasis
gehört zum Hotel Istra, kann aber von
allen Interessierten genutzt werden.

KÜSTE KVARNER-BUCHT

NATIONALPARK RISNJAK
(134–135 C–D1) *(⌖ L3–4)*

Die meisten Kinder wandern nicht gerne,
doch auf dem *Naturlehrpfad Leska* im Risnjak-Nationalpark weicht die Langeweile
schnell Entdeckerfreude. Von Bijela Vodica, wo sich Haupteingang und National-
parkhaus befinden, führt der 4,5 km lange Weg durch Nadel- und Mischwald zu
typischen Karstphänomenen: Da ist eine
Doline zu sehen, eine wie ein Trichter geformte, eingestürzte Höhle, in der nun
Büsche und Bäume wachsen. Wie solche
Höhlen entstehen, verrät ein Schluckloch,
in dem ein Wildbach in die unterirdische
Welt verschwindet. Dort schachten seine
Erosionskräfte den Kalkstein immer weiter aus, bis Höhlensysteme entstehen.
Natürlich etwas vereinfacht ausgedrückt,
aber für Kinder eine spannende Sache!
risnjak.hr

INSELN KVARNER-BUCHT

MARE VIVUM ☺ (134 B5) *(⌖ K6)*

Die meeresbiologische Station auf dem
Gelände des Camps Glavotok auf der
Insel Krk organisiert ein interessantes
Programm zur Umweltpädagogik (auch
deutsch bzw. englisch), an dem Kinder
wie Erwachsene teilnehmen können.
Dabei werden z. B. Fallen gebastelt, um
die darin gefangenen Meeresbewohner
zu beobachten und etwas über ihr Verhalten zu lernen *(ca. 22 Euro/Kind)*, und
es gibt Schnorchelausflüge unter Leitung
erfahrener Meeresbiologen *(ca. 25 Euro/
Kind)*. *Camp Glavotok | Brzac 33 | www.
mare-vivum.eu*

PIRATENFAHRTEN

Auf nachgebauten historischen Seglern
durch die Adria zu schippern ist viel
spannender als auf modernen Schiffen:
Tagestörns führen z. B. von Lošinj auf die
winzigen Nachbarinseln Ilovik und Silba oder auf die Sandstrandinsel Susak.
Dann wird in einer schönen Bucht zum
Baden geankert und es gibt ein Fischpick-
nick. Ebenfalls interessant ist ein Ausflug
zum Thema Delphine: Vom Zentrum *Blue
World* in Veli Lošinj geht's aufs Meer zum
Delphinebeobachten. Ausflüge zu buchen über *www.losinj-hotels.com*

RAPSKA FJERA (139 D3) *(⌖ M9)*

Am letzten Juliwochenende verwandelt
sich Rab-Stadt in einen großen Mittelal-
termarkt. Marketenderinnen, Schmiede,
Korbflechter, Hofnarren, Mönche, adeli-
ge Damen und edle Ritter erwecken Rabs
mittelalterliche Geschichte zum Leben.
Straßenstände biegen sich unter Gegrill-
tem, Gesottenem und Gebackenem. Es
gibt unendlich viel zu sehen, zu verkosten
und auszuprobieren – ein richtig kinder-
freundliches Fest! Auskunft: *Tourist-Info
Rab | www.tzg-rab.hr*

EVENTS, FESTE & MEHR

OFFIZIELLE FEIERTAGE

1. Jan. Neujahr; **6. Jan.** Hl. Drei Könige (Kroat.); **8. Feb.** *Prešeren-Tag* (Tag der Kultur, Slow.); **März/April** Ostersonntag/-montag; **27. April** Tag des Widerstands (Slow.); **1. Mai** Tag der Arbeit (Kroat.); **1./2. Mai** Tag der Arbeit (Slow.); **22. Juni** Tag des antifaschistischen Widerstandskampfs (Kroat.); **25. Juni** Nationalfeiertag (Slow.); **5. Aug.** Tag des Siegs und der Dankbarkeit (Kroat.); **15. Aug.** Mariä Himmelfahrt; **8. Okt.** Tag der Unabhängigkeit (Kroat.); **31. Okt.** Reformationstag (Slow.); **1. Nov.** Allerheiligen; **25. Dez.** Weihnachten; **26. Dez.** Weihnachten (Kroat.); **26. Dez.** Tag der Unabhängigkeit (Slow.)

FESTE UND FESTIVALS

FEBRUAR
▶ INSIDER TIPP *Karneval:* Traditionelle Masken wie die furchterregenden, in Felle gekleideten und schwere Glocken schwingenden *zvončari* treiben in Rijeka und Opatija den Winter aus.

APRIL/MAI
▶ *Spargelfest:* Zur Ernte des wilden Spargels feiert Lovran ein kulinarisches Fest.

▶ *Harmonika-Spieler:* Virtuosen der *Triestina* kommen Mitte Mai nach Roč.

JUNI
▶ *Stadtfest* in Hum: Mitte Juni mit der traditionellen Wahl des Bürgermeisters
▶ *Tage der Antike:* Die römische Ära lebt im Amphitheater von Pula wieder auf.
▶ *Jules-Verne-Tage:* Pazin feiert Jules Vernes Roman *Mathias Sandorf* in historischen Kostümen.

JULI
▶ *Vinodolski Ljetni Karneval:* Faschingsumzüge in Novi Vinodolski am ersten Wochenende
▶ *Seasplash Festival:* hochkarätig besetztes Reggae-, Dancehall- und Dub-Festival in der Altstadt von Pula
▶ *Labinske Konti:* traditionelle Tänze und Volksmusik aus Istrien in Labin
▶ *Tag der Delphine:* Ausstellungen und Spiele rund um den Delphin in Veli Lošinj
▶ *Motovun Film Festival:* Das ambitionierte Festival zeigt Kurz- und Dokumentarfilme im Open-Air-Kino.

JULI/AUGUST
▶ *Labin Art Republika:* Kunstinstallationen, Theater und Musik von Klassik bis Jazz in Labin

Junger Wein, wilder Spargel & alter Brauch: traditionelle Feste, avantgardistische Festivals und die Liebe zu Musik und Tanz

▶ *Sommerfestival Krk:* Konzerte in Kirchen und an stimmungsvollen Orten wie auf der Klosterinsel Košljun
▶ *Konzerte in der Basilika von Poreč:* Klassisches in der Euphrasius-Basilika
▶ *Sommerfestival Pula:* Konzerte von Pop bis Klassik in der Arena von Pula

AUGUST
▶ *Street Art Festival:* Treffen der Straßenkünstler, Musiker, Tänzer, Jongleure in der Altstadt von Poreč
▶ *Ritterspiel:* Historisch gekleidete Reiter versuchen in Barban, mit der Lanze durch einen Ring zu treffen.

SEPTEMBER
▶ *Giostra:* Über 250 kostümierte Teilnehmer verwandeln Poreč in eine Stadt wie zur Blütezeit des Barock.
▶ *Mala Gospa* in Njivice auf Krk: traditionelle Wallfahrt zum Geburtstag Mariens am 8. September
▶ *Trüffeltage in Istrien:* Motovun, Livade und Buzet stehen jeweils ein Wochenende lang ganz im Zeichen der aromatischen Knolle.

OKTOBER
▶ *Marunada* in Dobrec: Das Dorf bei Lovran feiert die Esskastanie und die aus ihr hergestellten Köstlichkeiten.

NOVEMBER
▶ INSIDER TIPP *Hallowind, Premantura:* Neben Windsurf-Wettbewerben stehen auch Konkurrenzen im MTB-Fahren und Klettern sowie eine große Technoparty auf dem Festivalprogramm.
▶ *Tage des jungen Olivenöls,* Vodnjan: Mitte des Monats präsentieren istrische Olivenbauern ihre besten neuen Öle.

NOVEMBER–JANUAR
▶ *Osmice:* In den Dörfern der slowenischen Primorska öffnen die Winzer für jeweils acht Tage im Wechsel ihre Keller. Zum jungen Wein gibt es Vorspeiseplatten mit *pršut* und selbst gebackenem Brot oder *jota*, sämige Gemüsesuppe.

LINKS, BLOGS, APPS & MORE

LINKS

▶ manjada.org Beim Durchklicken durch dieses englisch-/kroatischsprachige Gourmetportal für Istrien läuft wohl jedem das Wasser im Mund zusammen. Es geht um Naturprodukte (Öl, Wein, Trüffeln), Restaurants, Rezepte und kulinarische Events. Guten Appetit!

▶ www.kroatien-links.de Hier finden Sie touristische Infos und Verweise auf andere Websites sowie Hintergründe zu Geschichte und Kultur

▶ www.croatia-beaches.com Suchen Sie den schönsten, den familientauglichsten, den sandigsten Strand? Auf dieser Website können Sie nach allen nur erdenklichen Kriterien selektieren und finden ihn am Ende, Ihren Traumstrand!

▶ www.inyourpocket.com/croatia Mit Stadtführern für Rijeka und Opatija ist die Kvarner-Region auf dieser Website vertreten. Ergänzt wird die englischsprache Site durch aktuelle Tipps und Userkommentare zu Shopping, Essen und Trinken und Nightlife. Für Slowenien: www.inyourpocket.com/slovenia

▶ www.marcopolo.de/kroatienkueste-ik Interaktive Karten inklusive Planungsfunktion, Impressionen aus der Community, aktuelle News und Angebote ...

BLOGS & FOREN

▶ www.forum-kroatien.de Auf diesem beliebten deutschsprachigen Kroatien-Blog wird fast alles diskutiert – das Wetter, die besten Campingplätze, Mitfahrgelegenheiten, die Busfahrpreise von Poreč nach Pula, empfehlenswerte Ferienwohnungen, aber auch Tipps zum Nachtleben, zu Marinas oder Chartermöglichkeiten

▶ www.adriaforum.com Auch hier geht es um alles, was Urlauber und Kroatienfans interessiert – von der Anreise bis zur aktiven Feriengestaltung

▶ forum.yacht.de In dem Forum holen sich viele Segler Hilfe und Rat bei Seebären, die die unberechenbaren Winde der Kvarner-Bucht und Istriens aus eigener Anschauung kennen

Egal, ob Sie sich auf Ihre Reise vorbereiten oder vor Ort sind: Mit diesen Adressen finden Sie noch mehr Informationen, Videos und Netzwerke, die Ihren Urlaub bereichern. Da manche Adressen extrem lang sind, führt Sie der kürzere short.travel-Code direkt auf die beschriebenen Websites

▶ istrien.blogspot.de Verlinkt ist diese deutschsprachige Site mit verschiedenen Tourismusanbietern; jenseits davon listet sie aber aktuelle Veranstaltungen und Events in der Region auf, darunter auch Ungewöhnliches wie Vernissagen von zeitgenössischen Künstlern oder Infos zum Thema Schneckenzucht

VIDEOS & PODCASTS

▶ www.istrien.info Bei den Regionen „Istrien" bzw. „Kvarner" finden Sie in der linken Leiste unten der Rubrik „Istrien-" bzw. „ Kvarner-Reiseführer" je einen Link zu verschiedensten Videos des jeweiligen Landstrichs

▶ www.crovideos.com Vom einfachen Urlaubsfilm bis zu Dokumentationen von Brauchtum und Musik finden sich auf dieser Plattform auch viele Videos zu Istrien und Kvarner – außerdem kroatische Hits im MP3-Format zum Herunterladen

▶ short.travel/kki6 Das österreichische Magazin zeigt unter dem Menüpunkt Alpe-Adria-Magazin TV-Videos über empfehlenswerte Restaurants, Hotels und Sehenswürdigkeiten in Italien, Slowenien und Kroatien

APPS

▶ HotelRadar Suchen Sie die nächstliegenden Hotels in Opatija und Rijeka? Mit dieser App kein Problem, Bewertung und Buchung inklusive

▶ Croatia Traffic & Weather Wetter, Verkehrsstaus, Polizeiradar, Fährverbindungen und Segelsportpläne – alles Nützliche für Kroatienreisen bietet diese englischsprachige App

NETWORK

▶ short.travel/kki2 Die englischsprachige Nicky – Expat in Kroatien – gibt unterhaltsam Auskunft und Tipps zu verschiedenen Aspekten ihres Alltags in Istrien, von Kochrezepten über Aktivitäten bis zum Wetter

▶ short.travel/kki3 Die Kroaten sind in diesem Netzwerk sehr aktiv und beteiligen sich rege mit Kommentaren und Tipps aus ihren Heimatorten

▶ short.travel/kki4 Kroatien auf Facebook, vorwiegend englischsprachig, mit regem Besuch und Tipps von Sightseeing bis zu Kochrezepten

PRAKTISCHE HINWEISE

ANREISE

Es gibt zwei Hauptrouten: München–Villach–Udine–Triest–Rijeka (600 km) oder München–Villach–Ljubljana–Koper (550 km). Autobahnen in Italien, Österreich, Kroatien und Slowenien sind gebührenpflichtig. Falls Sie Slowenien nur auf der Fahrt von Triest nach Kroatien passieren, sparen Sie die Vignette *(7 Tage/15 Euro)*, wenn Sie die Landstraßen wählen. In der Saison fahren Autozüge *(www.dbautozug.de)* ab Düsseldorf, Hamburg und Hildesheim nach Villach.

Eine direkte Bahnverbindung von Deutschland an die kroatische Adria gibt es nur im Sommerhalbjahr; der Zug von München nach Ljubljana fährt dann mit einem Kurswagen nach Rijeka. Wer an die slowenische Adria reisen möchte, muss in Ljubljana nach Koper umsteigen. *www.bahn.de*

Aus Deutschland, Österreich und der Schweiz verkehren Linienbusse nach Ljubljana, Zagreb und Rijeka. Von dort Anschluss an das örtliche Busnetz. *www.touring.de*

Linienflüge aus Deutschland, Österreich und der Schweiz u. a. mit *Croatia Airlines (www.croatiaairlines.hr)*, *Adria Airways (www.adria.si)* nach Zagreb und Ljubljana. Von Zagreb täglich Inlandsflüge nach Pula. Im Sommer außerdem Billig- und Charterflüge von *Tui fly (www.tuifly.com)* nach Pula und Krk, dem Flughafen von Rijeka. Auch *Germanwings (www.germanwings.com)* fliegt in der Saison beide Ziele an.

Zwischen Italien und Istrien/Kvarner fahren nur Personenfähren; in der Hochsaison Tragflügelboote der *Venezia Line* von Venedig nach Piran, Poreč, Rovinj, Pula, Rabac und Mali Lošinj *(www.venezialines.com)*.

GRÜN & FAIR REISEN

Auf Reisen können auch Sie mit einfachen Mitteln viel bewirken. Behalten Sie nicht nur die CO_2-Bilanz für Hin- und Rückflug im Hinterkopf *(www.atmosfair.de)*, sondern achten und schützen Sie auch nachhaltig Natur und Kultur im Reiseland *(www.gate-tourismus.de; www.zukunft-reisen.de; www.ecotrans.de)*. Gerade als Tourist ist es wichtig, auf Aspekte zu achten wie Naturschutz *(www.nabu.de; www.wwf.de)*, regionale Produkte, Fahrradfahren (statt Autofahren), Wassersparen und vieles mehr. Wenn Sie mehr über ökologischen Tourismus erfahren wollen: europaweit *www.oete.de*; weltweit *www.germanwatch.org*

AUSKUNFT VOR DER REISE

Websites mit umfassenden touristischen Infos sind *www.croatia.hr, histrica.com, www.istra.hr, www.kvarner.hr* sowie *www.slovenia.info*.

KROATISCHE ZENTRALE FÜR TOURISMUS
– *Hochstr. 43 | 60313 Frankfurt | Tel. 069 23 85 350 | info@visitkroatien.de | www.croatia.hr*

Von Anreise bis Zoll

Urlaub von Anfang bis Ende: die wichtigsten Adressen und Informationen für Ihre Reise nach Istrien und Kvarner

– Liechtensteinerstr. 22a, 1/1/7 | 1090 Wien | Tel. 01 585 38 84 | office@kroatien.at
– Seestr. 160 | 8002 Zürich | Tel. 04 33 36 20 30 | info@kroatien-tourismus.ch
– Kostenloses Infomaterial wie Hotel- und Campingverzeichnisse und eine sehr gute, topaktuelle Straßenkarte von Kroatien bekommt man in den Büros der Tourismusämter.

SLOWENISCHES FREMDENVERKEHRSAMT

– Maximiliansplatz 12a | 80333 München | Tel. 089 29 16 12 02 | info@slovenia.info
– Opernring 1 | 1010 Wien | Tel. 01 715 40 10 | info@slovenia.info

AUSKUNFT IN ISTRIEN & KVARNER

SLOWENISCH-ISTRIEN
Obala 16 | 6320 Portorož | Tel. 05 6 74 22 22 | www.portoroz.si

KROATISCH-ISTRIEN
Tourismusverband Istrien | Pionirska 1 | 52440 Poreč | Tel. 052 45 27 97 | www.istra.hr

KVARNER-BUCHT
Tourismusverband der Region Kvarner | N. Tesle 2 | 51410 Opatija | Tel. 051 27 29 88 | www.kvarner.hr

AUTO & AUTOVERMIETUNG

In allen größeren Ferienorten kann man Autos von internationalen oder nationalen Leihfirmen mieten. Das Mindestalter des Fahrzeugmieters beträgt 21 Jahre, bei manchen Unternehmen 25 Jahre und drei Jahre Fahrpraxis. Preisbeispiel für einen Mietwagen: VW Polo ohne Kilometerbegrenzung rund 40 Euro pro Tag. Reisen Sie mit dem eigenen Auto oder Camper an, genügen nationale Zulassung und Führerschein. Die Mitnahme der internationalen grünen Versicherungskarte wird empfohlen. Falls es nicht Ihr Auto ist, benötigen Sie eine Vollmacht des Halters. Es gelten folgende Geschwindigkeitsbegrenzungen: innerorts 50, außerorts 90, auf Schnell-

Blick von Krk aus auf die felsenreiche Insel Prvić

straßen 110, auf Autobahnen 130 km/h; Gespanne außerhalb von Ortschaften 80 km/h. Die Promillegrenze liegt bei 0,5. Tagsüber ist das Abblendlicht einzuschalten, in Kroatien gilt diese Vorschrift nur in der Winterzeit. Während des Überholens müssen Sie ununterbrochen blinken. Das Passieren von haltenden Schulbussen ist verboten, ebenso das Telefonieren ohne Freisprechanlage.

Sowohl in Kroatien wie Slowenien gibt es ein gut ausgebautes Netz von Servicestationen und Tankstellen; alle Kraftstoffsorten sind ausreichend und

WAS KOSTET WIE VIEL?

Wein	ab 1,50 Euro
	für ein Glas Wein
Imbiss	2,50 Euro
	für ein Stück Pizza
Edelfisch	45–70 Euro
	für ein kg Frischfisch
Liegestuhl	3,50–10 Euro
	Mietpreis pro Tag
Fahrrad	3 Euro
	Mietpreis pro Stunde
Benzin	um 1,45 Euro
	für 1 l Super bleifrei

in EU-Qualität vorhanden. Die Autobahnnutzung ist gebührenpflichtig. In Slowenien benötigt man eine Vignette (Mindestgültigkeit 7 Tage), in Kroatien erfolgt die Bezahlung bei Abfahrt von der Autobahn. An den meisten Mautstellen können Sie mit Kreditkarte bezahlen; ansonsten werden neben Kuna auch Euro angenommen.

Die beiden nationalen Pannenhilfsdienste *HAK* (Kroatien) und *AMZS* (Slowenien) sind 24 Stunden im Einsatz, *Tel. 9 87.*

BANKEN & KREDITKARTEN

Es gibt keine einheitlich geregelten Öffnungszeiten, häufig sind die Banken *Mo–Fr 7–18, Sa 8–12 Uhr* (Kroatien) bzw. *Mo–Fr 8.30–12.30 und 14–16.30, Sa 8.30–12 Uhr* (Slowenien) geöffnet. In den Touristenorten finden Sie Geldautomaten, an denen Sie Bargeld per ec-Karte abheben können. Alle gängigen Kreditkarten werden in vielen Hotels, Restaurants, Geschäften und Tankstellen akzeptiert. Die zentrale Nummer für Kreditkartensperrung lautet *Tel. 0049 116116.*

Geldumtausch in Kroatien ist in Wechselstuben oftmals am günstigsten. Bei größeren Summen lohnt ein Preisvergleich der Kurse und Gebühren.

CAMPING

Wildes Campen ist verboten, ebenso das Übernachten an Straßen, auf Park- oder Rastplätzen. Istrien und Kvarner sind Hochburgen des Campingtourismus mit großen Plätzen wie auch familiären, kleineren Anlagen. Die meisten sind vorbildlich modernisiert und wirken mit vielerlei Extras wie Miniclub, Aquapark, breitem Sportangebot, Restaurants und Diskotheken wie perfekte Ferienstädtchen. An einigen Orten kann man auch Apartments oder Bungalows mieten. FKK-Anhänger schätzen den hohen Standard der istrischen Naturistencamps. Eine Liste und Beschreibung der Campingplätze findet sich auf *www.camping.hr*.

DIPLOMATISCHE VERTRETUNGEN

DEUTSCHE BOTSCHAFT
– *Prešernova Cesta 27 | Ljubljana | Tel. 01 479 03 00*
– *Ulica Grada Vukovara 64 | Zagreb | Tel. 01 630 01 00*

ÖSTERREICHISCHE BOTSCHAFT
– *Prešernova Cesta 23 | Ljubljana | Tel. 01 479 07 00*
– *Radnička Cesta 80 (Zagreb-Tower) | Zagreb | Tel. 01 488 10 50*

SCHWEIZER BOTSCHAFT
– *Trg Republike 3/VI | Ljubljana | Tel. 01 2 00 86 40*
– *Bogovićeva 3 | Zagreb | Tel. 01 4 87 88 00*

EINREISE

Bürger der EU und der Schweiz benötigen für die Einreise nach Kroatien und

PRAKTISCHE HINWEISE

Slowenien lediglich einen gültigen Personalausweis.

FÄHREN

Da für die Regionalfähren zwischen dem Festland und den Inseln keine Platzreservierung möglich ist, sollten Autofahrer sich rechtzeitig vor Abfahrt des Schiffs einfinden. In der Hochsaison verkehren die meisten Fährschiffe im Shuttledienst; dennoch ist mit teils stundenlangen Wartezeiten zu rechnen. Aktuelle Infos über die Abfahrtszeiten unter *www.jadrolinija.hr, www.rapska-plovidba.hr* (Fähren Festland–Rab) und *www.lnp.hr* (Fähre Krk–Rab). Achtung: Einige Linien gibt es nur in den Sommermonaten!

FKK

Die Freikörperkultur hat in Istrien und Kvarner eine lange Tradition; entsprechend gut ist die Infrastruktur für Anhänger des hüllenlosen Badens. Es gibt zahlreiche FKK-Campingplätze sowie viele offizielle (und ebenso viele inoffizielle) FKK-Strände. Beliebt sind die Strandbuchten um die Halbinsel Lopar auf der Insel Rab sowie die Campingplätze *Koversada* bei Rovinj *(www.campingrovinjvrsar.com)* und *Konobe* auf Krk *(www.hoteli-punat.hr)*. Eine Übersicht gibt z. B. die Website *www.naturism-adriatic.com*.

FOTOSERVICE

In den meisten Urlaubsorten finden Sie Läden, in denen Sie Digitalbilder ausdrucken bzw. auf CD brennen lassen können.

GESUNDHEIT

Es gibt überall Apotheken und Deutsch oder Englisch sprechende Ärzte. Die Adressen erfahren Sie in Ihrem Hotel, bei den örtlichen Vertretern der Reiseveranstalter oder in den Büros der Touristinformation. In Slowenien und Kroatien wird die europäische Krankenversicherungskarte akzeptiert, sodass die Behandlung kostenlos erfolgt oder sofort nach der Rückkehr erstattet werden kann. Besondere Gesundheitsrisiken bestehen weder im slowenischen noch im

WÄHRUNGSRECHNER

€	KUNA	KUNA	€
1	7,51	10	1,33
2	15,01	20	2,66
3	22,52	25	3,33
5	37,54	30	3,99
7	52,55	50	6,65
10	75,07	75	9,98
15	112,61	100	13,31
25	187,68	300	39,92
75	563,05	600	79,84

kroatischen Küstenraum. Unangenehme Folgen kann es allerdings haben, falls Sie im Meer ungeschützt auf einen Seeigel treten; wenn die Stacheln nicht vollständig entfernt werden, verursachen sie schmerzhafte Entzündungen (Arzt oder eine Ambulanz aufsuchen). Beste Vorbeugung: Badeschuhe.

HAUSTIERE

Wie in den meisten europäischen Ländern sind auch in Kroatien die meisten bewirtschafteten Strände für Hunde gesperrt. Die Vierbeiner dürfen nur an eigens ausgewiesenen und meist für das Herrchen nicht besonders attraktiven Strandabschnitten mit ans Meer. Abseits der großen Feriengebiete wird sich aber kaum jemand beschweren, wenn Sie Ihren Vierbeiner mit zum Baden nehmen.

LINIENBUSSE

Das Linienbusnetz im Nah- und Fernbereich der Küste und zu den Kvarner-Inseln ist gut ausgebaut. Die größtenteils modernen Busse verkehren regelmäßig und häufig, die Fahrpreise sind niedrig. An Wochenenden sind die Busverbindungen deutlich ausgedünnt. Busse sind eine gute Alternative für Ausflüge ohne Parkplatzproblem. *www.autotrans.hr*

NOTRUFE

KROATIEN
Zentraler Notruf: *Tel. 112*
Feuerwehr *(vatrogasci)*: *Tel. 193*
Polizei *(policija)*: *Tel. 192*
Rettung *(hitna pomoć)*: *Tel. 94*
Pannennotdienst: *Tel. 987*
ADAC-Notruf in Zagreb (deutsch): *Tel. 013 44 06 66*

SLOWENIEN
Zentraler Notruf: *Tel. 112*
Feuerwehr *(gasilci)*: *Tel. 112*
Polizei *(policija)*: *Tel. 113*
Rettung *(rešilni)*: *Tel. 112*
Pannennotdienst: *Tel. 1987*
ADAC-Notruf in Zagreb (deutsch), ist auch für Slowenien zuständig: *Tel. 00385 13 44 06 66*

ÖFFNUNGSZEITEN

Im Sommer haben fast alle Restaurants täglich geöffnet, nur einige Spitzenlokale haben Ruhetage. Die meisten Geschäfte sind in den Tourismuszentren *tgl. 7–12 und 16–20 Uhr* geöffnet, in den Städten meist *Mo–Fr 8–19, Sa 8–13 Uhr.*

PAUSCHALREISEN

Pauschal gebuchte Übernachtungen mit Verpflegung und Flug sind meist um einiges günstiger als das gleiche Angebot individuell gebucht. Zusätzlich gibt es erhebliche Preisnachlässe außerhalb der Hochsaison (Mitte Juli bis Ende August).

POST

Öffnungszeiten der Postämter: Kroatien: *Mo–Fr 7–19, Sa 8–13 Uhr;* Slowenien: *Mo–Fr 8–18, Sa 8–12 Uhr.* Das Porto für eine Postkarte ins europäische Ausland beträgt in Kroatien 1,60 Kuna, in Slowenien 56 Cent.

RAUCHEN

Sowohl in Slowenien wie auch in Kroatien gelten relativ strenge Anti-Raucher-Gesetze. In beiden Ländern ist das Rauchen in allen öffentlichen Räumen, in Gaststätten und Restaurants verboten. Bei Zuwiderhandlung drohen empfindliche Geldstrafen.

REISEZEIT

Die Hauptsaison mit den höchsten Preisen in den Hotels und Restaurants fällt in die Ferienmonate Juli und August. Die schönsten Reisezeiten sind jedoch Mitte Mai bis Ende Juni, wenn alles blüht, und September/Oktober, wenn die Sommerhitze abklingt, die Adria aber noch gute Badetemperaturen aufweist. Beliebte Winterdomizile sind die klimatisch begünstigten Seebäder Opatija und Portorož sowie die Inseln Lošinj und Rab Über Wetter und Wassertemperaturen informieren *www.wetteronline.de* und *www.wetter.com.*

TELEFON & HANDY

Sowohl Kroatien als auch Slowenien verfügen über ein modernes Telefonnetz Am günstigsten telefonieren Sie mit ei

PRAKTISCHE HINWEISE

ner Telefonkarte aus der Zelle. Vorwahlen: Kroatien *00385*, Slowenien *00386*, Deutschland *0049*, Österreich *0043*, Schweiz *0041*.

Cronet (Vorwahl 098) und *Vipnet* (091) betreiben in Kroatien ein nahezu flächendeckendes Mobilfunknetz, in Slowenien ist *Mobitel* (041) Marktführer. Roamingabkommen mit den meisten deutschen Providern stellen sicher, dass deutsche Handys problemlos genutzt werden können. Hohe Kosten verursacht die Mailbox – besser abschalten!

TRINKGELD

In Kroatien wie Slowenien gilt wie in vielen anderen europäischen Ländern: Guten Service sollten Sie angemessen honorieren, im Restaurant mit etwa fünf bis zehn Prozent des Rechnungsbetrags.

WLAN

In vielen Ferienorten und größeren Städten sind der Hauptplatz oder der gesamte Innenstadtbereich mit WLAN-Zugang ausgestattet (oft als *WIFI*-Zone markiert). Drahtlosen Internetzugang gibt es an der Küste auch in allen ACI-Marinas.

ZOLL

Bei Ein- und Ausreise innerhalb der EU gelten die üblichen Freimengen, u. a. 90 l Wein, 10 l Spirituosen, 800 Zigaretten.

WETTER IN PULA

	Jan.	Feb.	März	April	Mai	Juni	Juli	Aug.	Sept.	Okt.	Nov.	Dez.
Tagestemperaturen in °C	8	9	12	16	21	25	28	28	24	19	14	10
Nachttemperaturen in °C	2	2	5	8	12	16	18	18	15	11	7	3
Sonnenschein Stunden/Tag	3	4	5	7	8	10	11	10	8	6	3	3
Niederschlag Tage/Monat	7	6	7	6	7	5	4	4	5	7	9	8
Wassertemperaturen in °C	11	10	11	13	17	21	23	24	22	19	16	13

SPRACHFÜHRER KROATISCH

AUSSPRACHE

Das Kroatische wird in der Regel so ausgesprochen, wie es geschrieben wird.
Besonderheiten:

č	tsch wie in Tscheche	š	stimmloses sch wie in schön
ć	zwischen tch und tsch wie in Hütchen	ž	wie j in Journal
đ	wie dj	dž	wie j im englischen John

Alle Vokale sind offen und müssen immer deutlich ausgesprochen werden.
Bei Vokalverbindungen ist jeder einzelne Vokal hörbar: reuma = re-u-ma.

Das Silben bildende r muss ebenfalls deutlich ausgesprochen werden: vrba, Krk.

Konsonanten haben immer die gleiche Aussprache: led – Eis (d, nicht t),
bog – Gott (g, nicht k).

Abkürzungen: ugs = umgangssprachlich; f = weibliche Sprecherin

AUF EINEN BLICK

ja/nein/vielleicht	da/ne/možda
bitte/danke	molim/hvala
Entschuldige!/Entschuldigen Sie!	Oprostite molim!/Oprostite molim vas!
Darf ich ...?/Wie bitte?	Smijem li ...?/Molim?
Ich möchte .../Haben Sie ...?	Htio (f: Htjela) bih .../Imate li ...?
Wie viel kostet ...?	Koliko košta ...?
Das gefällt mir (nicht)./gut/schlecht	To mi se (ne) dopada./dobro/loše
kaputt/funktioniert nicht	pokvaren/ne funkcionira
zu viel/viel/wenig/alles/nichts	previše/puno/malo/sve/ništa
Hilfe!/Achtung!/Vorsicht!	Pomoć!/Upozorenje!/Oprez!
Krankenwagen/Polizei/Feuerwehr	vozilo za hitnu pomoć/policija/vatrogasci
Verbot/verboten/Gefahr/gefährlich	zabrana/zabranjeno/opasnost/opasno

BEGRÜSSUNG & ABSCHIED

Guten Morgen!/Tag!	Dobro jutro!/Dobar dan!
Gute(n) Abend!/Nacht!	Dobar večer!/Laku noć!
Hallo!/Auf Wiedersehen!	Zdravo! (halo, bok)/Do viđenja!
Tschüss!	Bok! (Čao!)

Govoriš li hrvatski?

„Sprichst du Kroatisch?" Dieser Sprachführer hilft Ihnen, die wichtigsten Wörter und Sätze auf Kroatisch zu sagen

Ich heiße ...	Moje ime je...
Wie heißen Sie?	Kako se vi zovete? (Kako Vam je ime?)
Wie heißt Du?	Kako se ti zoveš?
Ich komme aus ...	Dolazim iz ...

DATUMS- & ZEITANGABEN

Montag/Dienstag/Mittwoch	ponedeljak/utorak/srijeda
Donnerstag/Freitag/Samstag	četvrtak/petak/subota
Werktag/Sonntag/Feiertag	radni dan/nedelja/praznik
heute/morgen/gestern	danas/sutra/jučer
Stunde/Minute	sat/minuta
Tag/Nacht/Woche/Monat/Jahr	dan/noć/tjedan/mjesec/godina
Wie viel Uhr ist es?	Koliko je sati?
Es ist drei Uhr./Es ist halb vier.	Sad je tri sata./Sad je pola četiri.

UNTERWEGS

offen/geschlossen	otvoreno/zatvoreno
Eingang/Einfahrt/Ausgang/Ausfahrt	ulaz/prolaz/izlaz/prolaz
Abfahrt/Abflug/Ankunft	odlazak/odletište/doletište
Toiletten/Damen/Herren	toalet/ženski/muški
(kein) Trinkwasser	(ne) pitka voda
Wo ist ...?/Wo sind ...?	Gđe je ...?/Gđe su ...?
links/rechts/geradeaus/zurück	ljevo/desno/ravno/natrag
nah/weit	blizu/daleko
Bus/Straßenbahn/Taxi/Haltestelle	autobus/tramvaj/taxi (taksi)/stajaliste
Parkplatz/Parkhaus	parkiralište/podzemna garaža
Stadtplan/(Land-)Karte	plan grada/zemljopisna karta
Bahnhof/Hafen/Flughafen	željeznička stanica/luka/zračna luka
Fahrplan/Fahrschein/Zuschlag	plan vožnje/vozna karta/doplatak
einfach/hin und zurück	jednosmjerno/tamo i natrag
Zug/Gleis/Bahnsteig	vlak/peron/željeznički peron
Ich möchte ... mieten.	Želim unajmiti ...
ein Auto/ein Fahrrad/ein Boot	jedan auto/jedan bicikl/jedan brodić
Tankstelle	pumpna stanica
Benzin/Diesel/Panne/Werkstatt	benzin/dizel/nezgoda/radionica

ESSEN & TRINKEN

Reservieren Sie uns bitte für heute Abend einen Tisch für vier Personen.	Molim rezervirajte nam za večeras jedan stol za četiri osobe.

auf der Terrasse/am Fenster	na terasi/uz prozor
Die Speisekarte, bitte.	Molim donesite jelovnik.
Könnte ich bitte ... haben?	Mogul i dobiti ...?
Flasche/Karaffe/Glas	flašu/karafu/čašu
Messer/Gabel/Löffel	nož/vilicu/žlicu
Salz/Pfeffer/Zucker/Essig/Öl	sol/papar/šećer/ocat/ulje
Milch/Sahne/Zitrone	mljeko/vrhnje/citronu
kalt/versalzen/nicht gar	hladno/presoljeno/nedopečeno
mit/ohne Eis/Kohlensäure	sa/bez mjehurića (plina)
Vegetarier(in)/Allergie	vegetarijanac(ci)/alergičar(i)
Ich möchte zahlen, bitte.	Želim platiti, molim.
Rechnung, Quittung/Trinkgeld	račun/napojnica

EINKAUFEN

Wo finde ich ...?	Gđe mogu naći ...?
Ich möchte .../Ich suche ...	Želim .../Tražim ...
Brennen Sie Fotos auf CD?	Možete li spržiti fotografije na CD?
Apotheke/Drogerie/Bäckerei/Markt	apoteka/drogerija/pekarnica/plac
Einkaufszentrum/Kaufhaus	kupovni centar/robna kuća
Lebensmittelgeschäft/Supermarkt	trgovina sa namirnicama/supermarket
Fotoartikel/Zeitungsladen/Kiosk	fotoartikli/novinarnica/kiosk
100 Gramm/1 Kilo	sto grama/jedan kilo
teuer/billig/Preis	skupo/jeftino/cijena
mehr/weniger	manje/više
aus biologischem Anbau	sa biloškog polja

ÜBERNACHTEN

Ich habe ein Zimmer reserviert.	Imam jednu sobu rezerviranu.
	(Rezervirao (rezervirala) sam sobu.)
Haben Sie noch ...?	Imate li još ...?
Einzelzimmer/Doppelzimmer	jednokrevetnu sobu/dvokrevetnu sobu
Frühstück/Halbpension/Vollpension	doručak/polupansion/puni pansion
nach vorne/zum Meer/zum See	prema naprijed/prema moru/prema jezeru
Dusche/Bad/Balkon/Terrasse	tuš/kadu/balkon/terasu
Schlüssel/Zimmerkarte	ključ/karticu za sobu
Gepäck/Koffer/Tasche	prtljagu/kofer/tašnu

BANKEN & GELD

Bank/Geldautomat	banka/bankomat
Geheimzahl	broj pina
Ich möchte ... Euro wechseln.	Želim promijeniti ... eure.
bar/ec-Karte/Kreditkarte	gotovina/ec kartica/kreditna kartica
Banknote/Münze/Wechselgeld	papirni novac/kovanice/povratni novac

GESUNDHEIT

Arzt/Zahnarzt/Kinderarzt	lječnik/zubar/dječji lječnik
Krankenhaus/Notfallpraxis	bolnica/hitna služba
Fieber/Schmerzen/entzündet/verletzt	temperatura/bolovi/upala/povreda
Durchfall/Übelkeit/Sonnenbrand	proljev/povračanje/sunčane opekotine
Pflaster/Verband/Salbe/Creme	flaster/zavoj/mast/krema
Schmerzmittel/Tablette/Zäpfchen	sredstvo protiv bolova/tablete/čepić

TELEKOMMUNIKATION & MEDIEN

Briefmarke	marka za pismo
Ich suche eine Prepaidkarte für mein Handy.	Trebam pokretnu/prepaid karticu za moj mobilni telefon.
Wo finde ich einen Internetzugang?	Gđe mogui naći internet kafe?
Brauche ich eine spezielle Vorwahl?	Trebam li posebni pozivni broj?
wählen/Verbindung/besetzt	birati/spojeno/zauzeto
Steckdose/Adapter/Ladegerät	utičnica/adapter-prilagođač/punjać
Computer/Batterie/Akku	kompjuter/baterija/akumulator
Internetadresse (URL)/E-Mail-Adresse	adresa na internetu/E-mail adresa
Internetanschluss/WLAN	internet priključak/WELAN
E-Mail/Datei/ausdrucken	E-mail/poštu/ispisati

FREIZEIT, SPORT & STRAND

Strand/Sonnenschirm/Liegestuhl	kupalište/suncobran/ležaljka
Ebbe/Flut/Strömung	oseka/plima/struja
Seilbahn/Sessellift	uspinjaća/lift
(Schutz-)Hütte/Lawine	(zaštita) sklonište/lavina

ZAHLEN

0	nula	14	četrnaest
1	jedan	15	petraest
2	dva	16	šesnaest
3	tri	17	sedamnaest
4	četiri	18	osamnaes
5	pet	19	devetnaest
6	šest	70	sedamdeset
7	sedam	90	devedeset
8	osam	100	sto
9	devet	200	dvjesto
10	deset	1000	tisuću
11	jedanaest	2000	dvije tisuće
12	dvanaest	½	jedna polovina (pola)
13	trinaes	¼	jedna četvrtina (četvrt)

EIGENE NOTIZEN

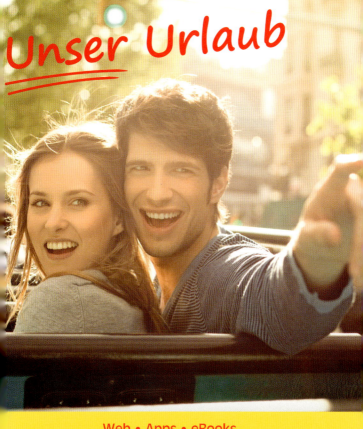

MARCO POLO

Unser Urlaub

Web • Apps • eBooks

Die smarte Art zu reisen

Jetzt informieren unter:

www.marcopolo.de/digital

Individuelle Reiseplanung,
interaktive Karten, Insider-Tipps.
Immer, überall, aktuell.

REISEATLAS

Die grüne Linie ▬▬ zeichnet den Verlauf der Ausflüge & Touren nach
Die blaue Linie ▬▬ zeichnet den Verlauf der Perfekten Route nach

Der Gesamtverlauf aller Touren ist auch in
der herausnehmbaren Faltkarte eingetragen

Bild: Hafenstädtchen Bakar nahe Rijeka

Unterwegs an der Kroatischen Küste

Die Seiteneinteilung für den Reiseatlas finden Sie auf dem hinteren Umschlag dieses Reiseführers

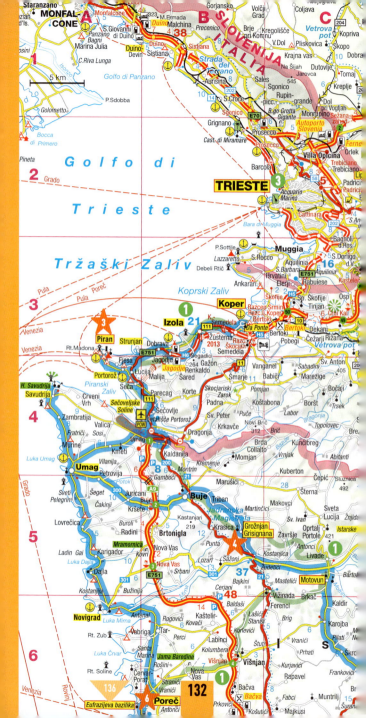

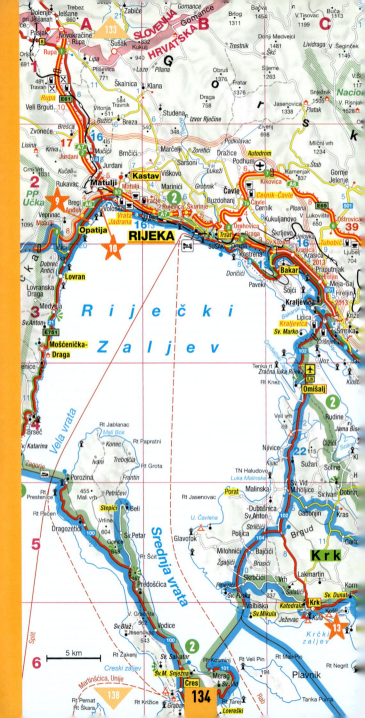

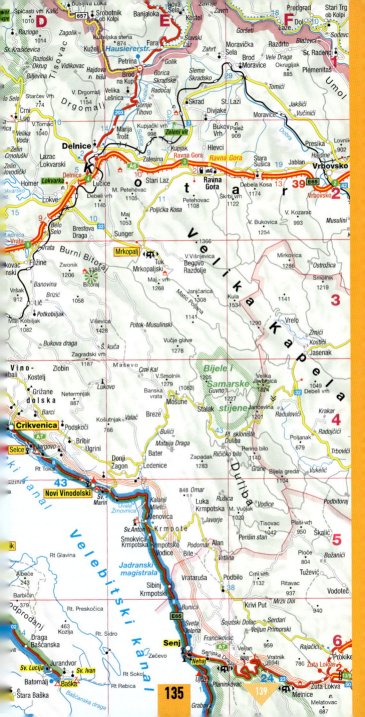

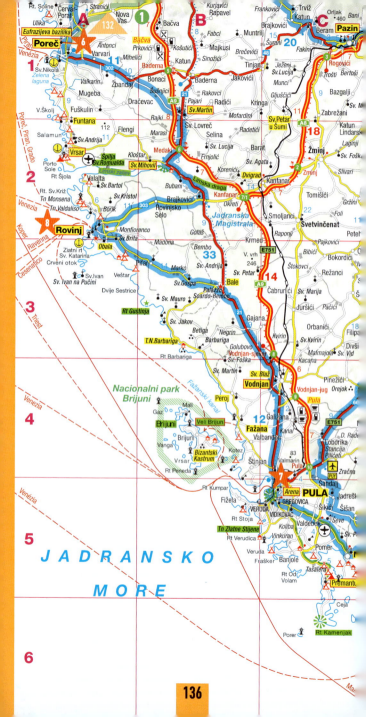

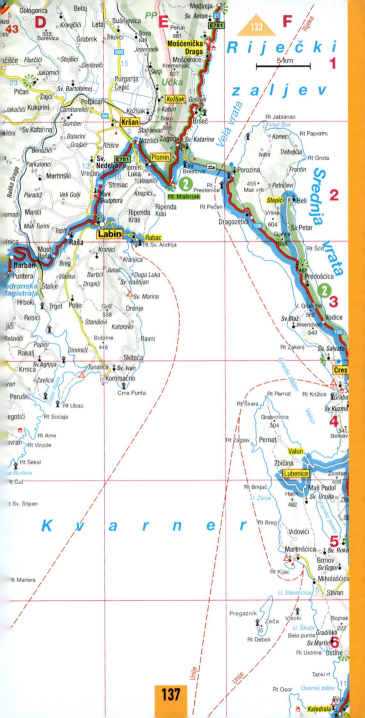

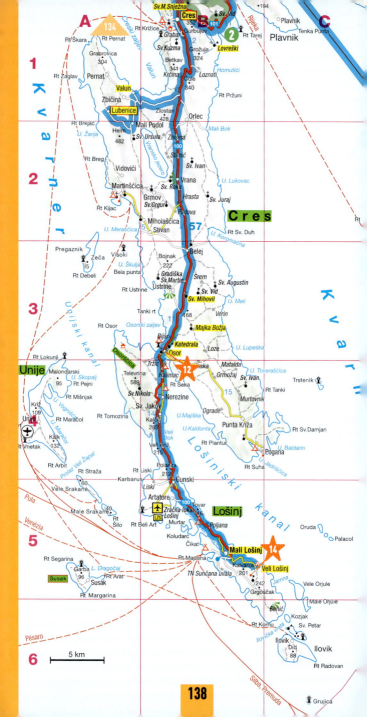

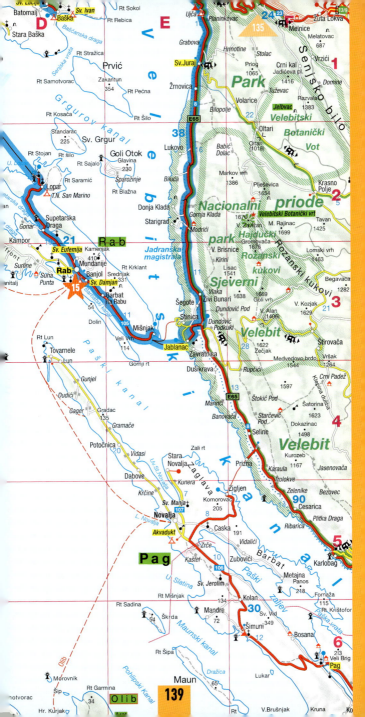

KARTENLEGENDE

Autobahn mit Anschlussstelle und Anschlussnummern	Viernheim 45 - 45 - 36 - 24 - 12	Motorway with junction and junction number
Autobahn in Bau mit voraussichtlichem Fertigstellungsdatum	Datum Date	Motorway under construction with expected date of opening
Rasthaus mit Übernachtung · Raststätte	Kassel ✕	Hotel, motel · Restaurant
Kiosk · Tankstelle		Snackbar · Filling-station
Autohof · Parkplatz mit WC	P	Truckstop · Parking place with WC
Autobahn-Gebührenstelle		Toll station
Autobahnähnliche Schnellstraße		Dual carriageway with motorway characteristics
Fernverkehrsstraße		Trunk road
Verbindungsstraße		Main road
Nebenstraßen		Secondary roads
Fahrweg · Fußweg		Carriageway · Footpath
Gebührenpflichtige Straße		Toll road
Straße für Kraftfahrzeuge gesperrt	✕ ✕ ✕ ✕	Road closed for motor vehicles
Straße für Wohnanhänger gesperrt		Road closed for caravans
Straße für Wohnanhänger nicht empfehlenswert		Road not recommended for caravans
Autofähre · Autozug-Terminal		Car ferry · Autorail station
Hauptbahn · Bahnhof · Tunnel		Main line railway · Station · Tunnel
Besonders sehenswertes kulturelles Objekt	♪ Neuschwanstein	Cultural site of particular interest
Besonders sehenswertes landschaftliches Objekt	✳ Breitachklamm	Landscape of particular interest
Ausflüge & Touren		Trips & Tours
Perfekte Route		Perfect route
MARCO POLO Highlight	★1	MARCO POLO Highlight
Landschaftlich schöne Strecke		Route with beautiful scenery
Touristenstraße	Hanse-Route	Tourist route
Museumseisenbahn		Tourist train
Kirche, Kapelle · Kirchenruine Kloster · Klosterruine		Church, chapel · Church ruin Monastery · Monastery ruin
Schloss, Burg · Burgruine Turm · Funk-, Fernsehturm		Palace, castle · Castle ruin Tower · Radio or TV tower
Leuchtturm · Windmühle Denkmal · Soldatenfriedhof		Lighthouse · Windmill Monument · Military cemetery
Ruine, frühgeschichtliche Stätte · Höhle Hotel, Gasthaus, Berghütte · Heilbad		Archaeological excavation, ruins · Cave Hotel, inn, refuge · Spa
Campingplatz · Jugendherberge Schwimmbad, Erlebnisbad, Strandbad · Golfplatz		Camping site · Youth hostel Swimming pool, leisure pool, beach · Golf-course
Botanischer Garten, sehenswerter Park · Zoologischer Garten		Botanical gardens, interesting park · Zoological garden
Bedeutendes Bauwerk · Bedeutendes Areal		Important building · Important area
Verkehrsflughafen · Regionalflughafen	✈	Airport · Regional airport
Flugplatz · Segelflugplatz		Airfield · Gliding site
Boots- und Jachthafen		Marina

FÜR DIE NÄCHSTE REISE ...

ALLE **MARCO POLO** REISEFÜHRER

DEUTSCHLAND

Allgäu
Amrum/Föhr
Bayerischer Wald
Berlin
Bodensee
Chiemgau/
    Berchtesgadener
    Land
Dresden/
    Sächsische
    Schweiz
Düsseldorf
Eifel
Erzgebirge/
    Vogtland
Franken
Frankfurt
Hamburg
Harz
Heidelberg
Köln
Lausitz/
    Spreewald/
    Zittauer Gebirge
Leipzig
Lüneburger Heide/
    Wendland
Mark Brandenburg
Mecklenburgische
    Seenplatte
Mosel
München
Nordseeküste
    Schleswig-Holstein
Oberbayern
Ostfriesische Inseln
Ostfriesland/
    Nordseeküste
Niedersachsen/
    Helgoland
Ostseeküste
Mecklenburg-
    Vorpommern
Ostseeküste
    Schleswig-Holstein
Pfalz
Potsdam
Rheingau/
    Wiesbaden
Rügen/Hiddensee/
    Stralsund
Ruhrgebiet
Sauerland
Schwäbische Alb
Schwarzwald
Stuttgart
Sylt
Thüringen
Usedom
Weimar

ÖSTERREICH SCHWEIZ

Berner Oberland/
    Bern
Kärnten
Österreich
Salzburger Land
Schweiz
Steiermark
Tessin

Tirol
Wien
Zürich

FRANKREICH

Bretagne
Burgund
Côte d'Azur/
    Monaco
Elsass
Frankreich
Französische
    Atlantikküste
Korsika
Languedoc-Roussil-
    lon
Loire-Tal
Nizza/Antibes/
    Cannes/Monaco
Normandie
Paris
Provence

ITALIEN MALTA

Apulien
Capri
Dolomiten
Elba/Toskanischer
    Archipel
Emilia-Romagna
Florenz
Gardasee
Golf von Neapel
Ischia
Italien
Italienische Adria
Italien Nord
Italien Süd
Kalabrien
Ligurien/Cinque
    Terre
Mailand/Lombardei
Malta/Gozo
Oberital. Seen
Piemont/Turin
Rom
Sardinien
Sizilien/Liparische
    Inseln
Südtirol
Toskana
Umbrien
Venedig
Venetien/Friaul

SPANIEN PORTUGAL

Algarve
Andalusien
Barcelona
Baskenland/Bilbao
Costa Blanca
Costa Brava
Costa del Sol/
    Granada
Fuerteventura
Gran Canaria
Ibiza/Formentera
Jakobsweg/Spanien
La Gomera/

El Hierro
Lanzarote
La Palma
Lissabon
Madeira
Madrid
Mallorca
Menorca
Portugal
Sevilla
Spanien
Teneriffa

NORDEUROPA

Bornholm
Dänemark
Finnland
Island
Kopenhagen
Norwegen
Oslo
Schweden
Stockholm
Südschweden

WESTEUROPA BENELUX

Amsterdam
Brüssel
Dublin
Edinburgh
England
Flandern
Irland
Kanalinseln
London
Luxemburg
Niederlande
Niederländische
    Küste
Schottland
Südengland

OSTEUROPA

Baltikum
Budapest
Danzig
Estland
Kaliningrader
    Gebiet
Krakau
Lettland
Litauen/Kurische
    Nehrung
Masurische Seen
Moskau
Plattensee
Polen
Polnische
    Ostseeküste/
    Danzig
Prag
Riesengebirge
Russland
Slowakei
St. Petersburg
Tallinn
Tschechien
Ukraine
Ungarn
Warschau

SÜDOSTEUROPA

Bulgarien
Bulgarische
    Schwarzmeer-
    küste
Kroatische Küste/
    Dalmatien
Kroatische Küste/
    Istrien/Kvarner
Montenegro
Rumänien
Slowenien

GRIECHENLAND TÜRKEI ZYPERN

Athen
Chalkidiki
Griechenland
    Festland
Griechische Inseln/
    Ägäis
Istanbul
Korfu
Kos
Kreta
Peloponnes
Rhodos
Samos
Santorin
Türkei
Türkische Südküste
Türkische Westküste
Zakinthos
Zypern

NORDAMERIKA

Alaska
Chicago und
    die Großen Seen
Florida
Hawaii
Kalifornien
Kanada
Kanada Ost
Kanada West
Las Vegas
Los Angeles
New York
San Francisco
USA
USA Neuengland/
    Long Island
USA Ost
USA Südstaaten/
    New Orleans
USA Südwest
USA West
Washington D.C.

MITTEL- UND SÜDAMERIKA

Argentinien
Brasilien
Chile
Costa Rica
Dominikanische
    Republik
Jamaika
Karibik/

Große Antillen
Karibik/
    Kleine Antillen
Kuba
Mexiko
Peru/Bolivien
Venezuela
Yucatán

AFRIKA UND VORDERER ORIENT

Ägypten
Djerba/
    Südtunesien
Dubai
Israel
Jordanien
Kapstadt/
    Wine Lands/
    Garden Route
Kapverdische Inseln
Kenia
Marokko
Namibia
Qatar/
    Bahrain/
    Kuwait
Rotes Meer/Sinai
Südafrika
Tansania/
    Sansibar
Tunesien
Vereinigte
    Arabische Emirate

ASIEN

Bali/Lombok
Bangkok
China
Hongkong/
    Macau
Indien
Indien/Der Süden
Japan
Kambodscha
Ko Samui/
    Ko Phangan
Krabi/Ko Phi Phi/
    Ko Lanta
Malaysia
Nepal
Peking
Philippinen
Phuket
Rajasthan
Shanghai
Singapur
Sri Lanka
Thailand
Tokio
Vietnam

INDISCHER OZEAN UND PAZIFIK

Australien
Malediven
Mauritius
Neuseeland
Seychellen
Südsee

REGISTER

In diesem Register finden Sie alle Orte, Sehenswürdigkeiten, Ausflugsziele sowie einige Stichworte aufgeführt. Gefettete Seitenzahlen verweisen auf den Haupteintrag.

Amphitheater Pula 13, 40, **56**, 114, 115
Bakar 130
Bale **65**
Banjole 59
Barban 115
Baredine, Höhlen **112**
Baška 22, 31, **84**, 102, 108
Bele Skale 38
Beli 30, **81**, 102, 103, 109
Beram **52**
Bertoki 16
Bijela Vodica 79, 113
Brestova 30, 80
Brijuni-Inseln, Nationalpark 21, **58**, 109
Buje 101
Buzet 29, **42**, 108, 115
Ćićarija, Gebirge 44, 45
Čikat, Bucht 91, 92, 109, 110
Cres, Insel 11, 12, 13, 16, 21, 30, **80**, 96, 102, 103, 109
Cres, Stadt 30, **82**, 87
Crikvenica 22, 31, **66**, 110
Crveni Otok, Insel 113
Dobrec 115
Dobrinj **86**, 102
Donje 93
Dragonja 101
Dramalj 67
Dreifaltigkeitskirche Hrastovlje 32, **36**
Dvigrad **65**, 108
Euphrasius-Basilika 13, **53**, 115
Fažana 58, **59**, 108
Frankopanen 13, **20**, 69, 78, 84, 87
Funtana **55**
Glagolica 12, 84, 85, 88, 102
Glagolitische Allee 45, 102
Glavotok 103, 108, 113
Gorje Selo 93
Gorski Kotar, Gebirge 19, 66, 79
Gračišće **52**
Grožnjan 31, **49**, 101
Höhle Mramornica **50**
Höhlen von Baredine **112**
Höhlen von St. Kanzian (Škocjanske Jame) **37**
Hrastovlje, Dreifaltigkeitskirche 32, **36**
Hrvatsko 79
Hum 12, 31, **45**, 114
Ičići **72**
Ika **72**
Ilovik, Insel 93, 113
Ipši 16
Istarske Toplice **45**, 47, 108
Izola **32**, 38, 100
Jablanac 12
Jurandvor 85
Kacjak, Halbinsel 68
Kalcini, Tunnel 102
Kalifront, Halbinsel 31, 99
Kamenjak, Berg 99
Kamenjak, Halbinsel 30, **59**, 112
Kanfanar 22
Kap Savudrija 31, 42, 50

Kastav **76**
Koper 12, 13, 32, **36**, 100, 118
Korte 35
Košljun, Klosterinsel **88**, 102, 115
Kraljevica 90
Krk, Insel 11, 13, 20, 22, 27, 30, 31, 67, 80, **84**, 102, 106, 108, 110, 113, 115, 118, 121
Krk, Stadt 31, **87**, 102
Kupa-Quelle 79
Kupari 79
Labin 30, **60**, 114
Laguna Bernardin **110**
Lim-Fjord 30, **55**, 108
Limska Draga 40
Lipica 107
Lipica, Gestüt **37**, 108, **111**
Livade 16, 29, **47**, 102, 115
Ljubljana 22, 118
Lopar 22, 31, **97**, 110
Lošinj, Insel 13, 22, 30, 80, **91**, 109, 110, 113, 122
Lovran 11, 13, 31, 66, **70**, 114, 115
Lubenice 30, **83**
Lungomare, Franz-Josef-Promenade **74**
Lun, Halbinsel **94**
Mali Lošinj 30, **91**, 118
Malinska **88**
Martinščica 84
Matavun 37
Materada 40
Medulin 42, **59**, 109, 112
Medveja 72
Merag 30, 103
Mirna, Fluss 26, **47**
Mirnatal 44, **47**, 102
Mišnjak 99
Mošćenice **72**
Mošćenička Draga 71, 72
Motovun 29, 31, **45**, 100, 102, 114, 115
Mramornica, Höhle **50**
Nationalpark Brijuni-Inseln 21, **58**, 109
Nationalpark Risnjak 21, 40, **79**, **113**
Nationalpark Sečovlje, Salinen 21, 28, 30, 32, 38, 39, **41**, 101
Nationalpark Velebit 19, 21, 94
Naturpark Učka 72, **73**, 108
Nehaj, Festung 31, 69
Nerezine 30, **92**
Njivice 88, 115
Novalja 93, **94**
Nova Vas 26, 38, 112
Novigrad 17, 26, 30, **47**, 106
Novi Vinodolski 22, 31, **69**, 114
Opatija 31, 66, 71, 72, **73**, 109, 114, 116, 119, 122
Osor 30, **83**
Osp 108
Pag, Insel 12, 15, 17, 26, 27, 28, 80, **93**
Pag, Stadt **95**
Parenzana, Schmalspurbahn 34, **100**, 108

Pazin 31, **50**, 114
Pažincica, Fluss 52
Piran 11, 29, 30, 32, **37**, 118
Plavnik, Insel 96
Porat 103
Poreč 13, 15, 30, 34, 42, **52**, 61, 100, 102, 115, 116, 118, 119
Porozina 103
Portorož 30, 32, 38, **39**, 100, 110, 119, 122
Potovošće, Strand 90
Premantura 59, 109, 115
Prvić, Insel 85, 96
Pula 12, 30, 42, **56**, 61, 108, 111, 114, 115, 116, 118, 123
Punat 31, 87, **88**, 102
Punta Kampora, Strand 99
Rabac 30, 42, **60**, 118
Rab, Insel 13, 20, 22, 31, 80, **97**, 110, 121, 122
Rab, Stadt 31, 80, **97**, 99, 113
Reka, Fluss 37
Ridimutak, Strand 92
Rijeka 15, 28, 31, 66, 72, **76**, 102, 114, 116, 118
Risnjak, Nationalpark 21, 40, **79**, **113**
Roč **45**, 114
Rovenska, Strand 92
Rovinj 11, 15, 17, 24, 30, **62**, 108, 109, 118, 121
Rudine 86
Salletto 100
Savudrija 16, **50**, 107
Schmalspurbahn Parenzana 34, **100**, 108
Sečovlje, Salinen, Nationalpark 21, 28, 30, 32, 38, 39, **41**, 101
Selce 67
Senj 31, **69**
Silba, Insel 113
Šilo **86**
Simonov Zaliv 35
Škocjan 7
Škocjanske Jame, Höhlen **37**
Soline, Bucht 86
Špilja Biserujka 86
Stancija Kumparička **62**
Stanza Tramuntana I. 82, 103
Stara Baška **89**
Stara Novalja 94, 96
Stinica 31
St. Kazian, Höhlen (Škocjanske Jame) **37**
Strunjan, Salinen 38
Susak, Insel **93**, 113
Sv. Andrija, Insel 64
Sv. Blaž, Kirche 60
Sv. Katarina, Insel 64
Sv. Lucija, Kirche 85
Sv. Marija na Škriljinah, Kirche **52**
Sv. Nikola, Insel 54
Sv. Vid 88
Televrina, Berg 30, 92
Tovarnele 96
Triest 32, 34, 40, 100, **103**, 118
Trsat, Festung **78**

IMPRESSUM

Učka, Naturpark 72, **73**, 108
Umag 30, **50**
Unije, Insel 93
Uskoken **22**, 31, 65, 69
Uvala Meli, Strand 84
Valbiska 30, 31, 99, 103
Valeta 100
Valun 30, **84**
Vela Draga, Tal 73
Velebit, Gebirge, Nationalpark 19, 21, 94

Veli Brijuni, Insel 107
Veli Hlam, Berg 85
Veliki Risnjak, Berg 79
Veli Lošinj 30, **92**, 113, 114
Venedig **23**
Veprinac 76
Vižinada 102
Vodnjan 17, **60**, 115
Vojak, Berg 73
Volosko 17, 72, **74**, 109
Volpija 101

Vranjska Draga 108
Vrbnik 31, **89**, 102
Vrsar **55**
Zagreb 20, 118
Zarečki Krov **52**
Zelena Laguna 54
Žigljen 96
Zlatni Rt, Halbinsel 64, 108
Zrće, Strand 93, 94

SCHREIBEN SIE UNS!

Egal, was Ihnen Tolles im Urlaub begegnet oder Ihnen auf der Seele brennt, lassen Sie es uns wissen! Ob Lob, Kritik oder Ihr ganz persönlicher Tipp – die MARCO POLO Redaktion freut sich auf Ihre Infos.

Wir setzen alles dran, Ihnen möglichst aktuelle Informationen mit auf die Reise zu geben. Dennoch schleichen sich manchmal Fehler ein – trotz gründlicher Recherche unserer Autoren/innen. Sie haben sicherlich Verständnis, dass der Verlag dafür keine Haftung übernehmen kann.

MARCO POLO Redaktion
MAIRDUMONT
Postfach 31 51
73751 Ostfildern
info@marcopolo.de

IMPRESSUM
Titelbild: Historisches Zentrum von Rovinj (Huber: Johanna Huber)
Fotos: Damir & Ornella Restaurant (17 u.); R. Freyer (3 M., 15, 27, 28/29, 30 re., 34/35, 39, 52, 59, 85, 100/101, 110/111, 114/115, 115, 116 o., 116 u., 119); R. Hackenberg (2 M. u., 18/19, 30 li., 32/33, 36, 48/49, 51, 130/131); Huber: Cogoli (29, 109), Da Ros (105), Gräfenhain (Klappe li., Klappe re., 2 u., 3 o., 42/43, 44, 47, 66/67, 75, 86, 90, 94, 98, 103), Johanna Huber (1 o., 64/65, 82, 104), Mehlig (60), Pignatelli (41), Siebig (4), Stadler (2 o., 5, 63, 96/97); Laif: Emmler (3 u.), Huber (10/11), Kreuels (2 M. o., 6), Kürschner (12/13, 80/81), Madej (28, 77), REA (Guittot) (78), Specht (8), Standl (93), Zanettini (9, 24/25, 70); Look: TerraVista (56/57); The Travel Library (56/57); mauritius images: Alamy (7, 16 u., 26 re., 68, 73), ib:(Lenz) (89, 112), ib: (Movementway) (117), ib:(Puchi) (21), ib (Siepmann) (94/95), Mattes (106/107), Mehlig (23); S. Sachau (26 li., 114); D. Schetar (1 u.); Splashline Event- und Vermarktungs GmbH (17 o.); www.istria-gourmet.com: Goran Šebelić (16 o., 16 M.)

11., komplett neu erstellte Auflage 2014
© MAIRDUMONT GmbH & Co. KG, Ostfildern
Chefredaktion: Marion Zorn
Autorin: Daniela Schetar; Redaktion: Christina Sothmann
Verlagsredaktion: Ann-Katrin Kutzner, Nikolai Michaelis, Martin Silbermann
Prozessmanagement Redaktion: Verena Weinkauf
Bildredaktion: Gabriele Forst
Im Trend: wunder media, München
Kartografie Reiseatlas und Faltkarte: © MAIRDUMONT, Ostfildern
Innengestaltung: milchhof:atelier, Berlin; Titel, S. 1, Titel Faltkarte: factor product münchen
Sprachführer: in Zusammenarbeit mit Ernst Klett Sprachen GmbH, Stuttgart, Redaktion PONS Wörterbücher
Das Werk einschließlich aller seiner Teile ist urheberrechtlich geschützt.
Jede urheberrechtsrelevante Verwertung ohne Zustimmung des Verlags ist unzulässig und strafbar. Das gilt insbesondere für Vervielfältigungen, Übersetzungen, Nachahmungen, Mikroverfilmungen und die Einspeicherung und Verarbeitung in elektronischen Systemen.
Printed in China

BLOSS NICHT

Folgende Risiken und Fettnäpfchen sollten Sie besser vermeiden

OFFENES FEUER IM FREIEN

In Kroatien und Slowenien herrscht im Sommer z. T. extrem erhöhte Waldbrandgefahr. An der kroatischen Küste wie auf den Inseln ist jede Art von offenem Feuer von Juni bis Okt. untersagt. Werfen Sie nie brennende bzw. glimmende Gegenstände oder Glas in die Umwelt. Wenn Sie ein Feuer entdecken, melden Sie es umgehend über *Tel. 112!*

DIE BORA UNTERSCHÄTZEN

Glücklicherweise weht der gefürchtete Fallwind *Bora* (slowenisch *burja*) in den Sommermonaten nur selten; er treibt v. a. im Spätherbst und Winter sein Unwesen. Doch jeder Wassersportler sollte sich über die Wetterlage informieren, bevor er sein Boot losmacht oder aufs Surfbrett steigt. Der Wind treibt die Wellen vom Land weg und macht es selbst größeren Booten schwer, gegen diesen Sog zu bestehen.

OHNE BADESCHUHE

Sie schmälern zwar das Vergnügen am Schwimmen, schützen Kinder- und Erwachsenenfüße dafür aber zuverlässig vor scharfkantigem Gestein und den heimtückischen Nadeln des Seeigels, die sich wie Widerhaken in die Haut bohren.

MIT DEM AUTO IN DIE STADT

In der Hauptsaison ist es fast unmöglich in den Zentren der Küstenorte einen Parkplatz zu finden. Am besten verzichten Sie auf das Auto und leihen sich ein Fahrrad oder nutzen die Touristenbahnen, die zwischen Hotels und Zentrum verkehren. Häufig gibt's auch gute Busverbindungen; Fahrpläne haben Touristenbüros und Hotelrezeptionen.

STEINBOHRERMUSCHELN ESSEN

Die *datteri* genannten Muscheln sind vom Aussterben bedroht und stehen unter strengem Naturschutz. Trotzdem kommt es immer wieder vor, dass sie in Restaurants hinter vorgehaltener Hand angeboten werden. Keine Frage, dass man in diesem Fall ablehnt und lieber *kapešante,* Jakobsmuscheln, wählt.

POLITISCHE GESPRÄCHE FÜHREN

Ein Thema ist in Kroatien besonders delikat und bringt die sonst so freundlichen Kroaten schnell in Rage: die Verwicklung der kroatischen Seite in Kriegsverbrechen während der Balkankriege, als das Land in den 1990er-Jahren gegen die restjugoslawische Armee um seine Unabhängigkeit rang. Viele negieren die begangenen Gräuel oder sehen in ihnen Maßnahmen der legitimen Selbstverteidigung. Deshalb wurde der Freispruch der in Kroatien als Helden gefeierten Generäle Ante Gotovina und Mladen Markač, die vom UN-Kriegsverbrechertribunal in Den Haag wegen der Vertreibung von 200 000 Serben angeklagt waren, enthusiastisch gefeiert. Wenn das Gespräch auf die Balkankriege kommt, hält man sich mit allzu kritischen Kommentaren besser zurück.